대구 경북의 도시공간과 문화지형

대구 경북의 도시공간과 문화지형

지은이_ 이득재

초판인쇄_ 2010년 4월 5일
초판발행_ 2010년 4월 12일

발행인_ 손자희
발행처_ 문화과학사
출판등록_ 제1-1902 (1995. 6. 12)
주소_ 120-831 서대문구 연희동 421-43호
전화_ 02-335-0461
팩스_ 031-972-0466
e-mail_ transics2@gmail.com

값 15,000원

ISBN 978-89-86598-91-9 93300

문화과학 신서

대구 경북의 도시공간과 문화지형

이득재 지음

문화과학사

대구경북연구원의 지원을 받아 집필되었음.

강남구의 가구당 월 평균 소득은 307만원으로 은평구 등 7개 구 236만원의 1.3배 수준이다. 그런데 한 달 평균 아파트 값이 올라서 얻는 자본 이득은 강남구가 667만원으로 하위 7개 구 105만원의 6.4배에 달한다. 상위 1%가 전국 토지 중 절반에 가까운 45.3%를 차지하고 상위 10%가 개인처분 주식과 토지의 70% 이상을 차지하는 나라가 대한'돈' 국이다. 대구라고 해서 부산이라고 해서 다를 바 없다. 전체 GDP 규모 가 전국에서 밑바닥인 대구의 경우엔 부자와 가난한 사람들 간의 자본 소득 차이가 강남과 은평구의 차이보다 적더라도 실제적인 소득불평등 으로 인한 고통은 더 극심할 수밖에 없다.

1970년대 초반 강남 개발로 시작한 개발의 규모는 이제 거의 '빅 뱅' 수준에 이르렀다. 2009년 11월 말 기준으로 예금은행 주택담보대출 액은 335.6조에 이르렀다. 그 중에 만기가 도래한 액수는 40-50조에 이 른다. 빅뱅 이후 우주는 팽창하고 있다지만 개발의 빅뱅 또한 겁 모르고 팽창 일로에 있다. 투기 광풍이 불던 2004-2006년도 수준은 아니지만 주택담보 대출액은 꾸준하게 늘고 있다. 그러나 그 팽창 과정이 언제 종식될지는 아무도 예측하지 못한다. 신자유주의적인 노동유연화로 인해 88만원 세대가 아니라 44만원 세대로 불리는 알바세대가 자라고 있고 적어도 10년 안에는 팽창할 대로 팽창해 버린 주택담보대출액에 대한 원금은커녕 이자마저도 그 적은 월급으로 감당하지 못함으로써 한국판 모기지 사태가 재연될 수 있다. 어떤 면에서는 이미 노동 분할이 강도 높게 진행되고 있고 대한'돈'국의 70-80%가 비정규직이기 때문에 한국판 모기지 사태는 더 빠르게 나타날 수도 있다. 2012년 미국 경기가 본격적으로 하강할 때를 전후해서 문제가 불거질 수도 있다.

대한'돈'국에서 서울이든 대구든 부산이든 광주든 어디를 가나 볼 수 있는 것은 타워 크레인이다. 2006년에 국내 자산 순위 3위인 LG 그룹의 2004년도 전체 자산 규모에 맞먹는 70조원의 돈이 프로젝트 파이

낸싱이라는 이름으로 아파트 건설에 들어갔다. 건설자본-은행-국가가 한 박자가 되어 대한'돈'국 땅 전체를 타워 크레인으로 헤집어 놓았다. 뉴타운 건설이라는 이름으로, 혹은 도심 고급화 사업이라는 미명으로 원주민들을 몰아내기 시작했다. '두껍아 두껍아, 헌 집 줄게 새 집 다오'라는 동요가 무색하게 도시공간이 개발 빅뱅에 휩싸이고 투기 열풍에 휘둘리기 시작했으며 원주민들은 새 집은커녕 이사비용 몇 푼만 달랑 손에 쥔 채 고급아파트에 밀려 사라져 버렸다.

2009년 대한'돈'국을 온 몸으로 보여주었던 용산 사태는 대한'돈'국의 토지에 대한 욕망이 서울이라는 도시공간을 어떻게 분할해 버렸는지 극명하게 보여준 사례였다. 필자는 본서를 마련하기 위해 신암동에서부터 비산동까지 걸어 다니며 대구시의 상처 난 속살을 보았다. 세르토가 말한 개념도시와 보행도시의 경우처럼 스펙터클을 뽐내는 높은 아파트 숲에 가려 보이지 않는 대구의 또 다른 보행도시를 관찰하기 위해

서였다. 대구 앞산 정상에서 대구를 내려다보면 대구라는 도시공간이 대단할 정도로 울퉁불퉁한 구조를 가지고 있다는 것을 한 눈에 알 수 있다. 그 구조의 울퉁불퉁함은 키 재기를 하듯이 하늘을 향하고 있는 각종 주거 형태들이 프랙탈 형태를 하고 있는 구조이기도 하지만, 무엇보다도 바로 그 프랙탈 구조를 통해 대구라는 도시공간이 신천을 경계로 하여 계급적으로 확연하게 나눠져 있다는 것을 금방 알아차릴 수 있었다. 교육 특구라고 불리어지는 수성구에 대구에서 가장 값비싼 아파트가 즐비하고, 신천 서북쪽으로 갈수록 저층아파트나 저가아파트가 삐죽삐죽 튀어나온 것을 알 수 있다. 신암동에서 기찻길 옆 쪽으로 난, 택시 및 자가용이나 간간이 다니는 길 옆에는 사람이 사는지 살지 않는지 알 수 없는 판자촌의 폐허가 그대로 남아 있었고 그 길을 따라 칠성시장으로 이어지는 신천 대교를 건너면 남쪽의 하늘을 가로막은 높은 아파트와 북쪽 하늘에 닿지 못한 신천 대교 서쪽 칠성시장 주변의 건물들이 대조적으로 눈에 들어왔다. 칠성시장을 지나 대구역 쪽으로 나가는, 버스라곤 노선 버스 한 대만 다니는 길고도 어두운 길이 끝나자 사람들이 북적거리고 제법 높은 빌딩들로 가득 찬 대구라는 도시공간의 밝은 길이 보였다. 수성구 범어동에 들어선 고층 주상복합 상가의 브랜드가 천정을 뜻하는 '제니스'라 했던가. 대구라는 도시공간은 이렇게 하늘을 찌르고 하늘을 가로막아 선 자들과 하늘에 닿을 수 없어 허허롭게 손만 휘젓고 있는 자들로 나누어져 있었다. 그리고 하늘을 만져 보지 못한 자들, 그리하여 하늘과 나 사이에 벌어진 거리만큼이나 경제적이고 계급적인 불평등에 시달리는 가난한 사람들은 그마나도 높은 아파트와 빌딩 숲에 가려져 보이지 조차 않았다.

이상의 문제의식 하에 대구라는 도시공간이 어떻게 분절되어 있고 그렇게 분절된 역사와 의미는 무엇이며 그 현재 상황은 어떠하고 그렇게 분할되고 분절된 도시공간 안에 문화적으로 무엇이 움트고 있는지 살펴보고자 한다. 주지하다시피 영국의 1950년대 재개발된 런던의 동부 지역인 이스트 엔드 지구는 영국의 문화연구에서 다루는 하위문화의 탄생과 밀접한 연관을 맺은 도시공간이다. 노동자계급의 자녀들이 부모문화와 계급문화라는 두 가지 영향을 받으면서 만들어 낸 하위문화가 사회 변화에 어떤 긍정적인 영향을 끼쳤는지는 별도의 문제이지만 영국의 하위문화적인 맥락을 떠나 대구라는 도시공간이 이렇게 계급적으로 분절된 상황에서 문화는 어떠한 차이를 보이며 나타나고 있는지가 본서의 관심 대상이었다. 대구의 부자들이야 이미 대구에서 살지 않지만 일단 소위 말하는 중산층 이상이 거주하는 신천 동남쪽의 도시공간에서는 자본주의적인 문화, 이것과 연동된 살벌한 사교육 문화가 지배적이었고 나머지 도시공간은 그 공간대로 자본주의적인 지배문화 영향권 하에 놓여 있거나 노동자계급의 문화가 부재한 상태였다. 교육, 주거, 복지, 문화 수준에서 모든 권리를 박탈당한 대구 도시공간의 비가시적인 영역에 그나마 시민사회 영역의 어소시에이션 조직 및 단체들이 들어서 있지만 그것으로 노동자 빈민층의 문화적 욕구까지 충족시키기에는 턱없이 부족한 상태이다. 그것은 다른 한 편에서 보자면 대구라는 도시공간을 개발로 한바탕 뒤집어 놓고 자산 소득의 차이를 천양지차로 벌려 놓은 후 알량한 복지 수준으로 뒤덮으려던 정부의 앞뒤 바뀐 정책 탓이기도 했다.

대한'돈'국에서 자본은 이제 임노동만으로 사람을 착취하지 않는다. 자본은 이제 사람의 노동력만을 착취하는 것이 아니라 도시공간을 이용해 수탈한다. 노무현 정부가 들어선 2002년부터 시작한 국내 은행들의 자산불리기 경쟁은 대한민국을 아시아의 금융 허브로 만들겠다는 정부의 미망 탓에 빚어진 것이었다. 그 결과는 개발에 열광한 대한'돈'국이었고 그 사태는 이제 원상 복구가 불가능한 상태에 이르렀다. 2002-2005년 사이의 개발 차익으로 인한 불로소득 규모가 500조 원에 이른다.

그 많던 돈들은 다 어디로 갔을까? 상위 1% 내지는 10%에 속하는 계층의 사람들, 은행, 건설자본, 국가가 다 먹어 치우지 않았을까? 강남 타워 팰리스 지구의 자산 규모 1,000억 원 이상의 떼부자들은 모두 땅 부자들이다. 2,000억 원 수준의 교회 하나 짓는 데 교인들이 내는 각종 헌금으로 일주일 만에 그 거액을 마련할 수 있는 나라가 대한'돈'국이다. 대한 '돈'국으로 돌아버린 대한민국을 치유할 방법은 과연 있을까? 인간적인 세상에서 너무 멀리 도망쳐 왔다는 느낌을 지울 수 없다. 토지국유화라는 극단적인 조치 없이는 교육 등 모든 것이 땅과 연동되어 있는 대한 '돈'국에서 역동적 복지국가니 사회투자국가니 하는 주장들은 모두 공염불이라는 생각이 든다.

본서에서 제시하지는 못했지만 개발 빅뱅 이후 형성된 이 시스템을 전면 개조하는 문화사회로 가는 마지막 비상구는 이후 필자가 하려는 작업의 몫에서 찾고자 한다. 아직도 꽃들이 기지개를 켜지 못하고 있다.

최악의 황사와 봄날의 눈벼락 때문은 아닐 터이다. 필자가 연희동에 살
무렵인 1970년대 초 '딱지'를 들고 나타난 복부인의 얼굴은 기억나지 않
지만 그 후로 '난쏘공'처럼 도시 외곽으로 외곽으로 밀려나며 살아가던
날들이 꿈결만 같다. 학교에서 대구 시내로 나가는 길 옆 공사판 벽에
붙은 '딱지'라는 두 글자가 적힌 종이 안에 담겨 있을 고통이 남의 것으
로 여겨지지 않는다.

2010. 3. 23

_이득재

contents

| 서론 |

본서는 대구 경북 지방의 문화에 대한 보고서다. 좀 더 자세하게 말하면 대구 경북 지방의 문화가 계급, 공간과 맺고 있는 관계, 그리고 그 안에서 숨쉬고 있는 젊은이들의 문화 활동에 대한 보고서다. 주지하다시피 현재 대구 경북 지방의 경제적 상황은 다음과 같이 전국적으로 볼 때 무척 열악하다.

실업률에서는 전국 평균 실업률이 3.7%이나, 대구는 5.1%로 전국 16개 시도 중에서 가장 높다. 특히 지난 해 말 3.65%에서 올 들어 8월까지 1.5%가 상승하여 같은 기간 전국 실업률 증가의 약 3배를 기록하였음. 이는 전년 동월 대비 2만2천명이 늘어 53%나 급등한 것임.(2009년 8월 기준)

· 청년실업률에서도 전국 평균이 7.2%이나 대구는 8.9%로서 전국 16

개 시도 중 가장 높음.(2008년) 2009년 1/4분기에는 10.1%, 3/4분기
는 9.9%로 여전히 높음.

· 고용률도 대구지역은 57.1%를 보여 전국 시·도 가운데 하위 2번째
로 고용 환경이 매우 열악함.(2009년 8월)

· 전국 노동자 평균임금이 230만4천원이나 대구는 202만2천원으로 전
국 16개 시도 중에서 하위 3번째임.(2009년 8월)

· 전국의 기초생활수급자 수는 10년째 비슷한 수준을 유지하고 있는
데 반해 대구의 기초생활수급자 수는 매년 평균 4.4%씩 증가하고
있는 것으로 나타남. 대구지역 수급자 수는 지난해에 비해 7.2% 증
가하였으며, 비수급 빈곤층까지 포함하면 그 숫자는 엄청날 것
임.(2009년 8월)

· 주택보급률은 전국 16개 시도 중 15위, 인구 십만 명 당 사회복지시
설 수는 13위, 유아 천명 당 보육시설 수 14위임.

- 전국 16개 시도 중 미분양 주택은 2위(21,379호)이나 주택보급률은 15위(95.8%)임.
- 광업·제조업 부가가치액은 12위(7,073,345백만원), 건설수주액 13위(7,505,437백만원), 종사자 300인 이상 사업체 수는 9위(87개)로 서울의 8.7%수준임.(여기까지의 통계 수치는 2009년 8월 기준 통계청 자료를 인용 재구성한 것임)

그러나 대구 경북 젊은이들의 문화적인 활동 수준이나 문화적인 인프라는 서울을 제외한 다른 지역보다 낮지 않다. 본서에서 주제의 하나로 다룬 대상은 대구 경북 지역 젊은이들의 문화이지만, 대구 경북 지역의 연극 등 지자체와 관련 있는 것은 제외했다. 대구 경북 지역 지자체는 다른 지역과 마찬가지로 소위 문화정책이라는 이름으로 대구 경북 지역의 문화 현장에 개입해 왔다. 이른바 관 주도의 문화가 그것인데 국가와 자본이 문화 현장에 개입하는 것은 결국 이윤 동기에서 출발하는 문화산업적 측면으로 기울기 마련이다. '약령도시' '칼라풀 대구' '오페라의 도시' '왈츠의 도시' '첨단의료단지' 등으로 대변되는 대구 경북의 문화적인 흐름이 대구 경북 지역의 문화 발전에 얼마나 기여했는지는 의문이다.

본서에서 다룬 것은 대구 경북 지역의 젊은이들의 문화 활동 중에서 국가와 자본이 개입하지 않고 자발적으로 대구 경북에서 탄생하고 자란 문화이다. 대구 경북의 여러 가지 경제 지표를 통해 보면 이 지역은 경제적-공간적으로 양극화 현상을 뚜렷하게 보이고 있다. 그런데 우리의 연구를 통해 보면 이 현상은 문화에서도 그대로 드러난다. 이것은 대구 경북 지역이 신천을 중심으로 계급적-공간적으로 양분되어 있는 현실과 무관하지 않다고 보여진다.

대구 경북의 청년문화가 성장하는 데 있어서 막연하게 국가와 자본

주도의 문화산업 발전 패러다임만 강조하면 그것이 가져올 결과는 앞에서 지적한 바와 같을 것이다. 국가와 자본 주도의 문화 개입은 대구 경북의 문화와 경제에 있어 양극화만 더 부풀린다. 대구 경북 지역의 문화적인 인프라가 다른 지역에 비해 훨씬 낮은 것은 아니라는 전제가 부당하지 않다면, 대구 경북의 문화정책은 문화적인 양극화를 극복하는 쪽으로 그 방향이 정해져야 한다.

그러나 실제로 대구 경북 지역에서 자발적으로 탄생·성장해 온 문화 현장에 대한 일차적인 조사도 마련되어 있지 못하다. 이러한 배경으로 인하여 본서는 인터뷰 등을 통해 대구 경북 지역의 문화 현장에서 국가와 자본이 개입하지 않은 여러 형태의 문화 활동에 대한 기본적인 조사 작업을 우선 벌였다. 그 중에서 하위문화가 탄생한 영국의 문화적이고 계급적인 맥락에서 보면 하위문화에 속한다고 할 수 없는 언더문화의 여러 흐름들을 찾아보고, 바람직한 대구 경북 지역의 문화의 방향을 생각해 보고자 한다.

이 책은 대구 경북 지역의 문화를 살펴보기 위해 새로 쓴 이론적인 글들과, 인터뷰와 조사에 바탕을 두고 쓴 글들로 이루어져 있다. 대구 경북 지역이 경제적인 지표만이 아니라 문화적인 지표로도 열악한 상황에 처해 있다면, 국가(지자체)와 자본 주도의 문화정책을 중시할 것이 아니라 밑으로부터 자발적으로 성장해 오는 풀뿌리 문화에 대해서, 그리고 또 국가와 자본으로부터 소외되어 있는 공간의 문화에 대해서 관심을 기울여야 한다. 대구 경북 지역의 기존의 언더문화를 어떻게 키울지에 대해, 신천을 따라 노동자 계층이 거주하는 서북쪽 공간에 새로운 문화적 거점을 어떻게 세워야 할지에 관심을 가져야 할 것이다.

1.

문화란 무엇인가

―레이먼드 윌리엄스에서
알튀세르를 거쳐 들뢰즈로*

맑스는 1859년에 쓴 「정치경제학 비판 기고 서문」(이하 「서문」)
에서 토대와 상부구조로 이루어진 유기적 전체로서의 사회구성체에 대
해 언급하였다. 그 후 이 논의는 스튜어트 홀의 1977년 글인 「토대와
상부구조 은유 다시 생각하기」와, 1983년의 글인 「이데올로기의 문제:
보증없는 맑스주의」를 통해 발전해 나갔다. 스튜어트 홀은 1983년의
글에서 다음과 같이 말한 적이 있다. "경제적인 것이 할 수 없는 것은

---

* 이 글은 『문화/과학』 53호, 2008년 봄에 실린 「문화와 이념―레이먼드 윌리엄스에
  서 알튀세르를 거쳐 들뢰즈로」라는 글을 약간 수정하고 제목을 바꾼 것임을 밝혀
  둔다.

어느 특정한 시간에 특별한 사회적 계급 혹은 집단들의 특별한 사고의 내용들을 제공해주는 것이고 어느 계급들이 어떤 관념들을 사용하게 될 것인지 항상 고정하거나 보증해주는 것이다…사회적 실천들의 구조—총체—는 따라서 자유롭게 부유하는 것도 비물질적인 것도 아니다. 그러나 그것은 토대로부터 위로 효과들이 한 방향으로 전달될 때에만 알아볼 수 있는 자동사적인 구조도 아니다. 경제적인 것은 늘 결과를 보증한다는 엄격한 의미에서 이데올로기 영역을 궁극적으로 폐쇄시키는 효과를 나타낼 수 없다."[1] 스튜어트 홀의 논의는 20세기 초 속류 맑스주의의 경제결정론을 한층 더 발전시킨 것이지만 토대와 상부구조의 논의를 '표상' 개념에 묶어두는 한계를 벗어나지 못한 것으로 보인다. 앞 인용문에서 보듯이 스튜어트 홀은 '구조'라는 개념을 사용한다. 그러나 구조라는 말에 특별한 의미를 부여하지는 않는다. 에티엔 발리바르에 의하면 구조라는 말의 의미를 물고 늘어지면서 그것을 전환시키려고 한 것은 알튀세르였다. 에티엔 발리바르는 맑스주의의 이데올로기 문제에 대해 알튀세르가 기여한 점을 다음과 같이 밝히고 있다. "그는 기존의 '구조' 이론에 '상부구조' 이론을 추가하려고 하지 않고, 그 반대로 '생산' 및 '재생산'이 무의식적인 이데올로기적 조건들에 본래적으로 의존하

1. Stuart Hall, etc, *Stuart Hall: Critical Dialogues in Cultural Studies* (London, New York: Routledge, 1996), p. 44.

는 과정임을 증명함으로써 구조 개념 자체를 전화시키려고 한다. 그 결과 사회구성체를 이원론적으로 표상하는 것이 불가능하게 된다. 이것은 논리적으로 '상부구조'라는 은유를 완전히 포기하는 데까지 이르러야 하는 테제이다."[2] 발리바르의 이러한 지적은 스튜어트 홀에 비해 사회구성체 논의를 훨씬 더 발전시킨 것으로 보인다. 맑스가 언급한 유기적 전체로서의 사회구성체 논의는 이데올로기, 상부구조, 이데올로기적인 상부구조, 관념적인 상부구조, 문화 등의 개념을 중심으로 이루어져 왔다. 이데올로기가 상부구조의 한 요소인가 아니면 문화 전체와 동일한 것인가 하는 논점을 제기한 조르쥬 라레인(Jorge Larrain)이 『이데올로기의 개념』[3]에서 다루는 내용도 그 중의 하나다. 맑스의 사회구성체 논의는 조르쥬 라레인이 말하듯이 아직도 해결되지 않은 몇 가지 문제들을 지니고 있다.

본고에서는 이러한 문제의식 아래에서 맑스가 언급한 사회구성체 논의를 은유, 표상 개념으로부터 배치 개념으로 전환시킴으로써 이데올로기, 문화의 문제를 해결하는 한 가지 방식을 제시하고자 한다. 그렇게 함으로써 맑스가 말한 사회구성체 논의 안에 이데올로기와 문화, 정치

---

2. 에티엔 발리바르, 『알튀세르와 마르크스주의의 전화』, 윤소영 역, 이론, 1993, 178쪽.
3. 이 책은 1984년에 『현대 사회이론과 이데올로기』라는 제목으로 국내에 번역되었고 영문판은 1992년에 재판되었다.

적·법률적 상부구조의 위치를 적절하게 배치할 수 있고 맑스가 『독일이데올로기』에서 단 한번 사용했던 '이데올로기적인 상부구조'라는 개념에서 파생되었던 논의들에 새로운 논점을 제공할 수 있을 것으로 여겨진다. 에티엔 발리바르가 말했듯이 사회구성체에 대한 표상을 넘어서서 상부구조라는 은유를 완전히 포기하려면 사회적 실천들의 구조를 건축학적인 것에서 구축학적인(architectonic) 것[4]으로 재배치시켜야 하기 때문이다. 이때 특히 필자가 문제로 삼고 싶은 것은 '문화'의 문제이다. 사회구성체 안에서 문화를 이데올로기와 동일시하고 상부구조의 한 요소로 파악하려는 관점을 벗어나 문화 자체를 새로운 방식으로 독해하고 그 필요성을 밝히는 것이 본고의 또 하나의 목적이다. 레이먼드 윌리엄스가 예외적일만큼 복잡한 용어가 '문화'라고 말했던 그 문화를 단순한 '용어'가 아니라 들뢰즈의 '이념'으로 파악한 후 맑스의 사회구성체에 연결시켜 논의하면 새로운 지평을 획득할 수 있을 것이기 때문이다. 토대/상부구조, 문화와 이데올로기의 관계에 대한 이제까지의 많은 문헌을 정리할 수는 없지만, 문화는 이데올로기에 대한 논의와 마찬가지로 표상의 관점에서 이해되어 왔다고 볼 수 있다. 한 가지 예를 보자. '문화연구'의 역사에서 레이먼드 윌리엄스가 '문화적 유물론'이란 용어를 처음 고안했다고 말하는 스콧트 윌슨(Scott Wilson)은 "문화는 단

---

4. 들뢰즈의 배치 개념과 유사한 이 개념은 바흐쬔에게서 빌려왔다.

순히 경제적이고 정치적인 체제의 반영이 아니지만 그렇다고 해서 그것으로부터 독립적일 수 없다"[5])고 말한 『정치적 셰익스피어』(*Political Shakespeare: essays in cultural materialism*) 의 저자인 돌리모어(J. Dollimore)와 신필드(A. Sinfield)의 말을 인용한다. 이 인용문에 나오는 '문화'라는 단어를 '이데올로기'라는 단어로 대체시켜 보면 문화가 이데올로기와 동일한 것으로 이해되고 있음을 알 수 있다. 또한 이러한 논의가 알튀세르적이라고 말하는 스코트 윌슨의 주장에도 문제가 있다. 돌리모어와 신필드의 논의는 알튀세르적이기는커녕 바흐찐의 이데올로기적인 굴절 개념[6])에서 한 걸음도 앞으로 나가지 못한 것이기 때문이다.

    이러한 관점에서 본고에서는 문화연구의 역사에서 기원이 되는 레이먼드 윌리엄스를 우회하면서 레이먼드 윌리엄스의 문화론을 비판적으로 살핀 후, 맑스가 『서문』에서 밝힌 사회구성체 논의를 새롭게 전개해 보고자 한다.

---

5. Scott Wilson, *Cultural Materialism* (Blackwell, 1995), p. 34.
6. 상부구조가 토대를 직접 반영하지 않고 굴절시킨다는 의미다. 경제적인 것이 이데올로기적인 것을 궁극적으로 폐색시키지 않는다는 스튜어트 홀의 주장, 문화가 정치경제의 반영은 아니지만 그것으로부터 독립적인 것은 아니다라는 스콧트 윌슨의 주장과 유사하다. 그러나 바흐찐, 홀, 윌슨 등의 입장은 토대/상부구조라는 이원론에서 자유롭지 못하다. 윌리엄스도 이 이원론에서 그리 자유롭지 못하다. 이러한 이원론과 구조라는 개념 자체를 해결하지 않으면 맑스가 말한 '유기적 전체', 그리고 유기적 전체로서의 사회구성체 논의를 발전시킬 수 없다는 것이 본고의 문제의식이다.

1. 레이먼드 윌리엄스의 문화론

레이먼드 윌리엄스는 1958년에 나온 저서 『문화와 사회』에서 1977년에 나온 『맑스주의와 문학』[7]에 이르기까지 '문화'와 '맑스주의'의 관계를 탐구해 왔다. 1958년에 나온 『문화와 사회』에는 '맑스주의와 문화'라는 소절이 있는데, 1977년에 나온 『맑스주의와 문학』은 1958년에 그가 가졌던 문제의식을 더욱 확장시킨 저서라고 할 수 있다. 그 문제의식이란, 맑스주의에서 논의되어 왔던 '토대와 상부구조'의 관계를 비판적으로 사고하자는 것이었다. 이러한 문제의식을 해결하기 위해 윌리엄스는 『맑스주의와 문학』에서 언어, 결정, 매개, 생산력, 헤게모니와 같은 개념을 끌어들여 토대와 상부구조를 분리시키는 것이 아니라 하나의 전체로 보려는 통합적인 사고를 하게 된다. 그러나 윌리엄스는 문화라는 말을, 토대와 상부구조를 횡단하는 개념으로 사용하면서 그 의미를 추적하는 것은 아니고, 특정하고 분리 불가능한 실제적 과정을 연구하려는 것이다.[8] 그는 이를 위해 첫째, '토대' 개념을 하나의 범주로 환원시키는 것을 경계한 맑스의 말을 인용하며 둘째, 토대와 상부구조의

---

7. 이 저서는 우리나라에서는 『이념과 문학』(문학과 지성사, 1982)이라는 제목으로 출판되었다.
8. 레이먼드 윌리엄스, 『이념과 문학』, 이일환 역, 문학과지성사, 1982, 102쪽.

관계를 단순하게 이해하지는 않았으나 그 관계의 다섯 가지 요소들을 거론한 후 순차적으로 파악한 플레하노프의 한계를 지적한 후 다음과 같이 말한다.

> 우리가 습관적으로 상층구조의 변형들에 대한 준거의 틀로 삼고 있는 '기저' 그 자체가 역동적이며 내적으로 모순에 찬 하나의 과정—즉 우호적 제휴에서 적대 관계까지의 모든 영역에 걸친, 실제 인간들과 그 계층들의 특정한 활동과 그 양식—이라는 사실을 깨달아야만 우리는 추론적 목적에 사용하기 위한 몇몇 고정된 속성을 지닌 하나의 '영역' 또는 '범주'라는 관념에서 벗어나 '상층구조'의 가변적 진전 과정을 이해할 수 있을 것이다.9)

엥겔스가 상호작용이라는 말을 사용한 것처럼 윌리엄스도 토대와 상부구조의 관계를 상호작용으로 파악하려고 한다. 한마디로 말해 기존의 정통 맑스주의에서 통용되던, 토대에 의한 상부구조의 결정, 즉 경제 결정론을 비판하는 것이다. 이 점에서 윌리엄스는 플레하노프가 정통 맑스주의보다 더 나은 모델을 찾고 있다고 긍정적으로 평가한다. 그러나 그는 플레하노프도 그 다섯 가지 요소들10) 중에서 생산력을 최우선시함

---

9. 앞의 책. 역자는 여기서 상부구조를 상층구조로, 토대를 기저로 번역하고 있다.

으로써 결국 모델은 찾지 못했다고 본다. 윌리엄스가 보기에 토대와 상부구조는 각각 역동적이고 가변적이며 내적 모순을 가진 과정이다. 이러한 입장은 맑스주의에 대한 반성에서도 비롯한 것이지만 맑스에게서 배운 윌리엄 모리스나, 워너, 매튜 아놀드로부터도 나온 것이다. 윌리엄스는 워너의 말을 인용하며 문화의 물질적인 기반을 인정하면서도 문화가 경제조직을 앞서가며 미래를 이상적으로 표현한다고 보는 워너의 입장이 아놀드의 입장과 비슷하다고 파악한다.[11]

윌리엄스는 1977년의 저서 『맑스주의와 문학』에서 '문화'라는 단어를 사용하되 문학이라는 단어와 중첩시켜 쓰고 있다. 윌리엄스는 실제로 문학이나 예술을 문화의 좁은 개념으로 사용한다.[12] 그 전의 저서인 『문화와 사회』에서는 20세기의 맑스주의자들이 자기들의 전통에서 물려받은 문화이론에 '문화라는 무늬'라는 말이 언급되어 있다는 사실을 확인한다.

맑스주의적 문화이론은 다양성과 복잡성을 인정하고 변천 속에서의 연속성을 참작하고, 우연과 어느 정도의 자율성을 허용하지만 이러한 양보

---

10. 생산력의 상태, 경제적 조건, 사회 정치적 체제, 사회적 인간의 정신 상태, 그 정신 상태의 속성을 가리킨다.
11. 윌리엄스, 『문화와 사회』, 나영균 역, 이대출판부, 1988, 363쪽.
12. 윌리엄스, 『이념과 문학』, 26쪽.

와 함께 경제구조의 실제와 그 결과인 사회적 관계를 문화라는 무늬를 짜기 위한 기본적 실로 삼고 있는 것이다.13)

윌리엄스에 따르면 이러한 '문화라는 무늬'는, 경제구조의 실제와 사회적 관계가 문화의 무늬를 짜는 실의 구실을 하고 있다는 것을 밝히고 있지만, 이것도 결국엔 맑스주의자들이 문화를 상부구조라는 서투른 용법으로 사용하기 위한 것이라고 비판한다. 앞의 인용문에서도 문화라는 무늬는 그럴듯한 비유로 보이고, 경제적인 구조와 그 결과인 사회적 관계가 문화라는 무늬의 씨줄과 날줄을 구성하는 것처럼 보이지만, 결국 경제적인 구조에 방점이 가 있는 이상, 무늬로서의 문화는 결국 상부구조를 가리키는 셈이라는 것이다. 윌리엄스가 보기에 문화란 상부구조라는 서투른 용법으로 환원될 것이 아니라 전체적 생활양식, 즉 전반적인 사회현상으로 이해되어야 할 것이다.14) 여기서 윌리엄스가 생각하는 '전체적 생활양식으로서의 문화'에서 형용사 '전체적'이란 단어가 토대와 상부구조를 동시에 가로지르는 횡단성 개념을 암시하는 것인지 아닌지는 불분명하다.

　　윌리엄스는 이렇게 『문화와 사회』에서 가졌던 문제의식을 1970년

---

13. 『문화와 사회』, 360-361쪽.
14. 앞의 책, 377쪽.

대에 더 발전시켜 나간다. 윌리엄스는 문화 개념이 근대에 대한 두 가지 결정적인 반응들 중의 하나라고 보면서 문화와 사회의 물질적인 삶의 분리를 극복하려고 한다. 윌리엄스에게 있어서 문화는 사회적인 개념이고 사회의 물질적 삶과 분리될 수 없는 것이면서 동시에 특정하고 별개의 삶의 방식을 만드는 사회적 과정으로 이해된다. 물론 이것은 맑스가 물질, 노동, 산업의 역사를 통해 관념론적 역사학에 개입한 덕택이었다. 윌리엄스는 문화와 사회, 자연과 사회, 사회와 경제의 분리를 비판적으로 바라본다. 그에 따르면 맑스주의와 프로이트주의가 종합된 결과 사회를 객체화된 일반적인 과정으로 제시하게 되었고 이것이 경제결정론이나 경제주의에 대항하는 이론으로 작용해 왔는데, 이 두 가지는 모두 사회를 제대로 파악하지 못하는 결과로 끝났다고 비판한다. 알튀세르의 '중층결정론'[15])에 대한 비판도 마찬가지다. 윌리엄스가 보기에 중층결정론은 구조로 추상화될 수 있고 그 탓에 모든 실제적 행위와 실천적 의식의 참된 현장으로부터 관심의 초점을 앗아가는 이론이다. 윌리엄스는 알튀세르의 이론을 구조주의로 보고, 그것이 비록 경제주의에 대한 대안으로 나왔지만 생산력 개념을 제대로 파악하지 못함으로써 경제주의와 동일한 오류에 빠졌다고 비판한다.[16) 윌리엄스가, 알튀세르는 프랑크푸

---

15. 중층결정론은 구조의 의미를 별도로 할 때, 일단 구조의 복합성(complexity)을 가리키는 것으로 이해할 수 있다.

르트학파의 변증법적 심상 개념을 자신의 이데올로기 이론에 적용시키는 데 실패했다고 비판하는 것도 마찬가지다.[17] 윌리엄스가 알튀세르를 비판하는 근거는 궁극적으로 다음과 같은 자신의 견해에서 생겨난다. "현실 속의 어떠한 생산 양식(따라서 어떠한 사회 질서)도 모든 인간의 실제와 에네르기와 제도를 다 포괄하거나 탕진할 수는 없다."[18] 따라서 알튀세르의 중층결정론은 "모든 체험되고 실제적이고 고르지 않게 형성된 그리고 그 자체 형성적인 경험을 (때로는 좀 오만하게) 포괄하려고 하는"[19] 것이고 "결정지워진 혹은 상위적으로 결정지워진 구조를 범주적으로 개체화하는 것은 <경제주의>의 잘못을 가장 심각한 차원에서 되풀이하는 것"[20]이라는 것이다. 요컨대 알튀세르는 중층결정론으로 문화, 혹은 생활양식 전체, 체험된 삶 전체를 포괄하려고 함으로써 '구조'를 설정하게 되고 구조를 추상적인 개체로 상정하게 되었다는 것이다. 그러나 알튀세르는 '구조'를 구조와 그 외부로 설정하여 생각하지 않았다. 알튀세르에게 있어서 구조는 '내재성의 형태', 즉 "효과들 속에 내재

---

16. 『문화와 사회』, 111쪽.
17. 윌리엄스의 이러한 비판은 알튀세르의 라캉 수용이 누락된 결과다. 윌리엄스에 따르면 프랑크푸르트학파의 벤야민이 변증법적 심상(dialectical image)을 사회적 현실의 반영들이란 뜻으로 사용하였다. 『문화와 사회』, 129쪽 참고
18. 앞의 책, 157쪽.
19. 앞의 책, 111쪽.
20. 앞의 책 같은 곳.

하는 하나의 원인"[21]이다. 이때 내재성은 외재성의 효과들과는 구별되는 것이므로 알튀세르의 구조는 구조의 외부를 전제하여 구조로 개체화되는 것이 아니다. 윌리엄스는 알튀세르가 추상적인 구조를 설정하여 '결정' '중층결정'에 대해 말한다고 주장하지만, 알튀세르는 결정의 순간 안에서 서로 다른 심급들의 유희, 현실적인 차이들의 유희를 인정하기 때문에 최종심급에서도 또 다른 심급이 작동한다고 보는 것이며 이러한 것이 구조를 중층결정화하는 것이다.

윌리엄스의 주장은 알튀세르의 이데올로기론이나 중층결정론이 반영론이나 구조주의가 아닌데도 그의 이론을 제대로 파악하지 못하는 난점을 드러내기는 하지만, '문화적인 것'을 이해하는 몇 가지 중요한 단서들을 제공하는 장점이 있다. 특히 피아노 제조공과 피아노 연주자를 구분하여 후자를 상층구조의 일부로 환원시키는 오류에 대한 윌리엄스의 비판은 주목할 만한 부분이다. 윌리엄스는 '상층구조'라는 개념을 차라리 도피성 개념으로[22] 보면 상층구조의 토대 환원주의를 피할 수 있다고 본다. 그는 생산, 산업만이 아니라 안보, 법과 질서, 복지, 오락, 여

---

21. 루이 알튀세르, 『자본론을 읽는다』, 김진엽 옮김, 백의, 1991, 239-240쪽.

22. 윌리엄스, 『문화와 사회』, 116쪽. 원서 *Marxism and Literature* (Oxford, New York: Oxford UP, 1977), p. 93에 나오는 'evasion'을 도피성 개념으로 번역하여 혼란을 주고 있다. 원서 93쪽에서 윌리엄스는 상부구조라는 개념이 환원주의(reduction)가 아니라 어긋남, 편차(evasion)라고 말한다. 이 'evasion'이라는 단어는 윌리엄스가 결정론에서 벗어났다는 것을 말해주는 중요한 근거가 된다.

론 등을 거론하면서 전체적인 생활양식으로서의 문화에 주목하는 한편, 이러한 문화적인 질서가 물질적인 성격을 갖는다는 사실 또한 놓치지 않는다. 사회적이고 정치적인 질서의 생산도 물질적인 성격을 갖는 것이다. 윌리엄스의 문화에 대한 이해는 정치 경제 사회 문화를 각각 고립된 영역으로 간주하지 않고 그 각각을 실제의 현장으로 파악하고 그 관계를 사고하려는 장점 또한 갖고 있다.

문화를 사회의 한 매개(mediation)23)로 파악하기 위해 윌리엄스는 중간물로 환원되는 매개 개념, 매개의 적극적 형태인 변증법적 심상 개념 등을 넘어 발터 벤야민이 주장한 조응관계(correspondence), 생명과학에서 나온 상동관계(homology), 상사관계(analogy) 등을 비판적으로 고찰한다.24) 윌리엄스는 한편에서는 중간물로 환원되는 매개 개념은 반영 개념을 세련화한 것에 불과하고 조응관계, 상동관계는 이분법적인 의미의 매개 이론이 세련된 형태로 변형된 것이라고 비판하는데 하지만 더 큰 문제는 이러한 개념들이 "기저와 상층구조라는 이론적인 모형과 '결정론적인' 의미에서의 결정 개념을 되풀이 말하는 데 지나지 않을 수도 있다"25)는 데에 있다. 즉 매개 개념으로는 사회구성체 문제

---

23. Raymond Williams, *Keywords* (New York: Oxford, 1976), p. 206에서 윌리엄스는 '매개'를 의식과 이데올로기의 본질적인 과정들 중의 하나라고 말한다.

24. Ibid., p. 131에서 윌리엄스는 상동관계와 상사관계를 구조와 기능의 관계로 설명한다. 조응관계는 작품과 현실의 연관관계를 뜻한다. 여기서 윌리엄스의 경우 문화란 문학을 포괄하는 용어로 쓰이고 있다.

를 해결할 수 없다는 것이다. 그래서 윌리엄스는 문화적 과정과 실제적인 관계들에 더욱 주목하는 헤게모니 개념이 이데올로기 개념보다 우월하다고 주장한다. 윌리엄스의 유명한 지배문화, 잔여문화, 부상문화 개념[26]은 문화를 헤게모니 개념으로 파악한 결과이거니와, 바로 문화를 복수적인 것들, 즉 문화'들'로 이해할 수 있게 해주는 장점을 지닌 것이기도 하다.

이러한 장점들에도 불구하고 윌리엄스의 문화론은 무엇을 지향하고 있는지 불분명하다. 상부구조를 빗나감의 개념으로 파악함으로써 경제결정론에서 벗어나려고 시도한 것은 인정한다손 치더라도 그가 도달한 문화라는 개념이 토대라는 경제적인 영역과 상부구조라는 비경제적인 영역을 동시에 관통하는 개념인지 아닌지 확실하지 않다. 그는 선진자본주의 사회를 언급하면서 "노동의 사회적 성격과 의사소통의 사회적 성격 및 정책 결정의 사회적 성격이 변화했다"[27]고 말하거나 "지배질서가 전반적으로 사회적이고 문화적인 작용 속에 효과적으로 침투

---

25. Ibid., p. 133.
26. 복잡한 문화적 과정을 설명하기 위해 윌리엄스가 만든 말이다. 잔여문화는 구시대문화가 아니라 지배적 문화에 대안적일 수도 있고 그것에 통합될 수도 있다. 전원적 공동체라는 관념이 그 한 예다. 부상문화도 지배문화의 새로운 국면에 지나지 않거나 그것에 대한 대안일 수 있다. 지배문화도 부상문화, 잔여문화의 압력을 받는다(ibid., pp. 152-159 참고).
27. Ibid., p. 158.

38

해 들어간 영역은 이렇게 해서 이제 상당히 넓어졌다"[28]고 말한다. 이 말은 비록 그가 돌봄노동 등을 포괄하여 정동노동으로 표현되는 비물질 노동 개념을 제출한 것은 아니지만 후기자본주의 사회에서 드러나는 문화의 이데올로기적인 장악력을 정확하게 본 것이다. 이와 마찬가지로 윌리엄스가 문화를 역사적인 발전과정에서 파악하면서 제도나 일상행위를 통해 가치나 의미를 표현하는 방식이나 독특한 삶의 방식으로 '문화'를 파악한다는 사실, 여기서 윌리엄스의 독특한 '감정구조' (structure of feeling)라는 개념[29]이 생겨났다는 사실, 마지막으로 문화 전반의 차원에서 정치 경제 사회 영역들의 상호 관계가 실제로 이루어지고 있고 각각의 영역들이 그러한 상호관계 안에서 실제적인 과정이 이루어지는 현장이 되고 있다는 사실은 그의 이론적인 장점들이다. 하지만 이러한 장점들만으로는 사회구성체 안에서 문화가 차지하는 독특한 위치를 제대로 설정할 수 없다. 특히 윌리엄스의 '구조'를 그가 설명하는 대로 "상호관련적이면서도 긴장 관계에 있는 특정한 내적 연관들을 지닌 하나의 세트"[30]로 규정할 때, 이러한 구조에 대한 설명이 지배문화, 부상

---

28. Ibid.

29. 윌리엄스는 감정의 구조를 사회적 경험이 용해된 것으로 파악한다(ibid., p. 168). 윌리엄스에 따르면 구체적으로 영국의 경우 1700-1760년, 1780-1830년, 1890-1930년 사이에 새로운 '감정구조'가 부상한다.

30. Ibid., p. 166.

문화, 잔여문화의 구조 내의 복합성을 설명하는 도구로 쓰일 수는 있지만 문화, 이데올로기, 상부구조 등을 맑스의 사회구성체 안에 재배치시켜 문화에 대한 새로운 개념을 만들어 내는 데에는 부족한 것으로 보인다.

2. 이념으로서의 문화

윌리엄스의 논의에서 주목할 만한 것은 노동의 역사, 물질의 역사, 인간 능력이 펼쳐진 책으로서의 산업으로 인해 자연과 사회, 경제와 사회를 새롭게 구성할 가능성이 열렸다고 말하는 대목이다. 윌리엄스가 문화를 전체적인 생활양식으로 파악했고 역사적 전체성의 회복을 강조했던 것은 이 때문이었다. 여기서 '전체성'은 국가와 종교의 역사에 불과했던 문명의 역사에서 배제되었던 물질의 역사가 역사적 전체성 안으로 들어온 것을 가리키는데 이것은 맑스주의 덕택이었다. 따라서 문화의 사회적 과정을 중시하는 윌리엄스에게 있어서 문화를 물질의 역사에서 분리시키고자 문화를 상층구조로 환원시키는 것은 관념론의 소산일 뿐이다. 이러한 맥락에서 윌리엄스의 경우 문화가 상층구조의 대안이라고 생각할 것이 아니라, 다시 말해 상층구조라는 관념에 얽매일 일이 아니라, 역사적 전체성, 혹은 전체적 생활양식으로서의 문화에 주목하는 것이 더욱 더 중요한 일이다. 그래서 윌리엄스는 문화라는 개념의 중요성이 상층구조로 환원됨으로써 손상을 입었다고 말하고 사회와 역사와의 필수불가결한 관계가 단절되었다고 말하는 것이다.

윌리엄스의 문화론은 1977년에 나온『맑스주의와 문학』에서 형성되었다. 지금까지 살펴본 것처럼 윌리엄스를 통해 문화라는 개념의 윤곽이 어느 정도 잡힌 것은 사실이다. 토대/상부구조라는 이분법을 고수한 속류 맑스주의와 문화라는 상부구조에 대한 비판, 문화의 물질성에 대한 강조 등은 그의 이론이, 문화를 사회와 고립시켜 단순한 문화현상으로 파악하는 문화주의와 다르다는 증거다. 그러나 윌리엄스가 문화를 사회구성체론의 단계에까지 끌어올린 것은 아니다. 윌리엄스의 알튀세르 비판에서 보듯이 알튀세르가 말하는 구조적 인과성을 구조의 복합성 내지는 요소들의 내적인 연관 정도로 이해함으로써 구조의 과잉결정 상태를 제대로 파악하지 못한 것이다. 윌리엄스에게 있어서 중층결정이란 개념은 증상의 복합적인 구조의 원인을 가리키는 것일 뿐[31] 그 이상도 그 이하도 아니다. 윌리엄스는 토대/상부구조의 이원론을 비판적으로 검토하기 위해 언어, 생산력, 매개, 헤게모니 등의 개념을 사유했지만 이러한 개념들을 계속 지연시키기만 했을 뿐 결론에 도달하지는 못했다.[32] 생

---

31. Ibid., p. 110. 역자는 'symptom'을 '증상'으로 번역하고 있다. 윌리엄스에게 있어서는 구조와 같은 의미다. 구조 안의 복합 요인들에 의해 표현되는 것이 증상이다.

산, 산업만이 아니라 여타의 문화적 질서도 염두에 둔 것, 생산적 노동에 대한 새로운 해석, 문화를 사회의 매개로 보는 관점 등은 문화를 전체적인 생활양식으로 파악하는 데 기여한 윌리엄스의 장점이다. 그는 맑스가 말한 '현실적 삶의 생산과 재생산'이라는 말에 대한 논자들의 오해를 비판하는 대목에서 다음과 같이 말한다.

> 맑스의 '현실적 삶의 생산과 재생산'이라는 말을, 마치 생산이 일차적인 사회적(경제적) 과정이고 '재생산'은 그것을 '상징'하거나 거기에 '의미를 부여하는', '문화적' 대응물이라는 식으로 해석하려는 시도들에 있어서도 이와 마찬가지의 무리가 작용하고 있음을 볼 수 있다… 그러나 우리가 만약 언어와 그 의미 작용을 물질적인 사회적 과정 그 자체의 불가분한 요소들로서 생산과 재생산 모두에 늘 간여하는 것으로 생각하게 되면 문제는 달라진다.[33]

앞에서 살펴본 그의 플레하노프 비판을 연상시키는 이 인용문에서 윌리엄스는 언어, 의미 작용 같은 문화적 대응물을 물질적인 사회적 과

---

32. 윌리엄스의 『이념과 문학』 중 제2장인 '문화이론'의 각 소절은 계속 지연되다가 '문화사회학'으로 끝난다. 첫 소절은 '기저와 상층구조'인데 첫 소절 끝에서 '결정'을 언급한 후 다음 소절에서 '결정' 문제를 다루는 식으로 제2장이 구성되어 있다.
33. 『이념과 문학』, 125쪽.

정 그 자체의 요소들로 봄으로써 문화 개념의 가능성을 찾아낸 것으로 보인다. 그것은 그가 "특정하고 상이한 삶의 방식을 만들어내는 구성적인 사회과정으로서의 문화 개념의 가능성"[34]이 오랫동안 실현되지 못했다는 사실에 주목한 결과였다. 하지만 이것도 생활양식의 '전체성'을 충족시키는 것 이상의 역할을 하지 못했다. 앞의 인용문조차도 사실은 볼로쉬노프의 언어는 최고의 이데올로기적인 현상이고 물질적이라는 명제를 다르게 표현한 것뿐이다. 중요한 것은, 윌리엄스처럼 문화를 구성적인 사회과정으로 볼 때 그 구조에 더 천착하여 생활양식의 전체성을 충족시키는 요소들의 복합성만 지적하지 말고 그 복합성의 역동성에서 비롯하는 구조 안에서 요소들이 어떻게 배치되고 있는지를 더 살피는 것이다.

필자는 들뢰즈의 이념론[35]을 사용하여 윌리엄스가 말한 '구성적인 사회과정으로서의 문화' 개념을 맑스가 말한 유기적 전체로서의 사회구성체 개념에 연관시키기 위해 맑스의 이론을 문화적·이념적으로 재구성해 보고자 한다.

1) 들뢰즈의 이념론

---

34. 앞의 책, 31쪽.
35. 들뢰즈가 말하는 이념(idea)은 알튀세르가 말하는 구조라는 내재성의 형태와 비슷하다.

필자는 문화를 들뢰즈적인 의미의 이념으로 파악할 경우 경제, 사회, 문화 등의 개별 영역들을 통합적으로 파악할 수 있다고 생각한다. 윌리엄스는 사회적 실천 심급들의 중층결정을 구조로 파악한 것이 알튀세르의 한계라고 비판한다. 그 자신도 "'상위결정'이라는 개념은 독자적 범주들의 고립화를 피함과 동시에 비교적 독자적이면서도 물론 상호 작용적인 실제들(행위들)을 강조하려는 시도에서 생겨났다"[36]고 하면서 중층결정의 의미를 인정하지 않는 바는 아니다. 알튀세르에 대한 윌리엄스의 이러한 지적은 '토대와 상부구조의 이원론'이라는 맥락에서 벗어나려는 맑스주의의 여러 시도들과 일부 일치하는 것이지만, 알튀세르가 말하는 '중층결정의 구조'를 반영론과 유사한 프랑크푸르트학파의 '변증법적 심상'이나 복합성과 연관된 프로이트 식의 '증상' 개념과 연결시켜 이해하려고 할 뿐, 그 의미를 제대로 파악하지 못한 것이다. 그래서 윌리엄스는 "<결정>과 마찬가지로 <상위결정>이라는 개념도 구조(증상)로 추상화될 수 있고…관심의 초점을 모든 실제적 행위와 실천적 의식의 참된 현장으로부터 앗아갈 수도 있다"[37]고 비판하는 것이다. 그러나 알튀세르의 중층결정 개념은 가령 사법제도의 경우 정치적·법적

---

36. 『이념과 문학』, 110쪽. 번역자는 overdetermination을 '상위결정'으로 번역하는 데 알튀세르의 사고체계를 이해한다면 '중층결정'이 올바른 번역이다. 『자본론을 읽는다』를 번역한 김준엽은 '중층결정', '과잉결정'이라고 번역한다.

37. 앞의 책, 111쪽.

인 상부구조, 이데올로기적인 상부구조 외에 또 다른 어떤 심급이 있다는 것을 가리키는 개념이다. 이러한 중층결정 구조를 명확하게 해명한 것은 들뢰즈다.

들뢰즈의 『차이와 반복』은 1968년에 들뢰즈가 박사학위 논문으로 제출한 것으로서 윌리엄스가 『맑스주의와 문학』을 쓴 1977년보다 훨씬 이전에 나온 것이다. 들뢰즈는 이 저서에서 문화에 대해 직접 언급하고 있지는 않지만, 문화를 이념으로 파악하고 그렇게 파악한 효과를 사고하는 데 중요한 단서를 제공한다. 들뢰즈의 『차이와 반복』은 문제=이념이 언어, 사회, 경제, 물리학, 생물학 등 다양한 영역에서 잠재적으로 작동하고 있는데, 이것에 대해 어떤 해를 주는가, 어떤 형태로 '이념'의 미분적인 모든 요소들이 분배되고 어떤 관계 아래에서 그 요소들이 배치되는가, 즉 잠재성으로서의 이념이 어떻게 현실화되는가에 따라 세계의 편성이 서서히 변해가게 된다는 것을 보여준 책이다.[38] 사건으로서의 질문의 발생, 이것을 하나의 기호로서 받아들이고 해를 제출하는 것이 들뢰즈 철학에 일관되게 흐르는 모티브라면, 이념이 문화라는 영역 안에서 잠재적으로 어떻게 작동되고 이념의 미분적인 요소들이 문화 안에서 어떻게 분배되고 배치되는지 따져봄으로써,

---

38. 松本潤一郎・大山載吉, 『ドゥルーズ 生成變化のサブマリン』, 白水社, 2005, 26쪽.

문화라는 기호를 받아들여 그 해(문화구성체)를 제출해 볼 수 있을 것이다.

이념이란 말은 시각문화에서 '본다'라는 뜻으로 쓰인다.[39] 들뢰즈가 『차이와 반복』에서 사용하는 이념이란 미분(dx), 미분적인 것으로서 수학적인 뜻으로 쓰인다. 그러나 『차이와 반복』은 미분법에 대한 수학적인 문제만 다루는 것이 아니라 형이상학적 문제도 다루고 있고 이것을 생물학, 심리학, 경제학에 두루 적용하고 있으며, "각각의 이념에 상응하는 어떤 미분법이 있"[40]다고 말하는 저서라는 점에서, 수학적 이념, 사회적 이념, 생물학적 이념, 문화적 이념 등과 같은 말을 사용할 수 있는 근거를 부여해 준다. '직선은 가장 짧은 거리'라는 명제에서 들뢰즈가 '가장 짧은 거리'를 이념이라고 부르는 것은 가장 짧은 거리 그 자체는 규정되지 않은 것 즉 dx라는 뜻이다. 문화가 이념이라는 것은, 유네스코가 정의하는 방식의 문화, 윌리엄스가 정의하는 방식의 문화를 떠나 문화 그 자체는 규정되지 않은 것, 즉 dx라는 뜻이다. 미분적인 이념으로서의 문화를 완결된 규정으로만 파악하는 것은 dx를 0으로 파악한 뉴턴의 오류를 반복하는 것이다. 혹은 문화를 유네스코 식이든 윌리엄스 식이든 특정하게 규정하는 것은 dy/dx의 현실적인 값을 구하는 것과 같고

---

39. Chris Jenks, *Visual Culture* (London, New York: Routledge, 1995), p. 1.
40. 질 들뢰즈, 『차이와 반복』, 김상환 역, 민음사, 2004, 397쪽.

이것은 이념이 문화라는 영역 안에서 독특한 점들을 할당받았을 때 가능한 것이다.

유네스코에서는 문화를 영적이고 지적 물질적 정서적인 특징들의 '총체적인 복합체'로 보고, 윌리엄스는 문화를 '전체적인 생활양식'으로 보며, 알튀세르는 사회적 실천 심급들의 중층결정을 강조한다. 문화를 복합체, 복합성, 중층결정의 구조, 전체성 등으로 파악하는 것이다. 그렇다면 유네스코, 윌리엄스, 알튀세르가 사용하는 이러한 개념들과 들뢰즈의 구조는 어떻게 다른가? 구조나 문화나 규정되지 않는 것 아닌가? 구조는 총체성의 구조, 전체성의 구조와 다른 식으로 구축되어 있는 것 아닌가? 더 나아가, '구조'란 도대체 무엇인가? 들뢰즈는 1969년에 『차이와 반복』을 쓰고 나서 1973년에 「구조주의를 어떻게 식별할 것인가」라는 글에서 구조주의의 7가지 특징을 밝힌다. 들뢰즈는 이 글에서 구조주의의 기원을 미분법, 특히 바이어스트라스와 러셀에게서 찾고,[41] 『차이와 반복』에서는 구조를 발생과 같은 의미로 사용하면서 다음과 같이 말한다.

그래서 이념은 구조로 정의된다. 구조, 이념은 '복합성의 테마', 어떤 내적인 다양체이다. 다시 말해서 그것은 미분적 요소들 사이에서 성립

---

41. 질 들뢰즈, 『의미의 논리』, 이정우 역, 민음사, 1999, 527쪽.

하는 다양하되 정위 불가능한 연관체계이고, 이 체계는 실재적인 결합 관계들과 현실적인 항들 안에서 구현된다. 이런 시각에서 보면 발생과 구조를 화해시키는 것은 전혀 어려운 일이 아니다···. 발생은 구조가 몸을 얻는 과정, 문제의 조건들이 해의 경우들로 나아가는 과정, 미분적 요소들과 이 요소들의 이상적 연관들이 매 국면 시간의 현실성을 구성하는 현실적인 항들과 상이한 실재의 실재적 결합관계들로 변화되는 과정이다.[42]

들뢰즈는 이념이 출현하는 세 가지 계기를 말하는 가운데 세 번째 계기에 대해 다음과 같이 설명한다.

이상적인 다양체적 연관, 미분적 비율관계는 상이한 시공간적인 결합관계들 속에서 현실화되어야 하고 동시에 그 미분적 관계의 요소들은 어떤 항들과 변이된 형식들 속에서 현실적으로 구현되어야 한다.[43]

들뢰즈의 경우 이념=구조=발생=다양체=dx는 불의 이념, 색의 이념 등에서 표현된다. 문화의 이념 안에서 표현되는 것도 마찬가지다. 혹

---

42. 『차이와 반복』, 401쪽.
43. 앞의 책과 같은 곳.

은 문화 안에서 이념의 미분적 요소들이 분배·배치·할당되는 과정도 마찬가지다. 이때 중요한 것은 들뢰즈가 앞의 인용문에서 반복적으로 말하듯이 실재적인 결합관계들과 현실적인 항들로 구성되는 이념이다. 이념이 출현하는 세 번째 계기를 들뢰즈는 상징적인 관계라고도 부르는데 이것은 결국 상징(dx), 미분에 대한 얘기다. 나머지 두 가지 계기는 현실적인 것, 상상적인 것에 대한 것인데, 그것은 각각 3+2, 2/3와 $x^2+y^2-R^2=0$, $ydy+xdx=0$을 가리키고, 이념은 이 세 가지 계기들을 다 포함하는 것이자 이 세 가지 계기들의 계기적 순환 과정에서 출현하는 것이다. 이것은 마치 코기토가 규정되지 않은 것, 규정, 규정 가능한 것이라는 세 가지 계기들로 구성되는 것과 같다.[44] 자이츠 오사무(財津理)가「들뢰즈에 의한 개념으로서의 데카르트적 코기토」에서 데카르트적 코기토를 위상기하학적으로 의심–생각–존재의 이질연속으로 본 것도 마찬가지다.[45] 자이츠 오사무는 데카르트의 '나'를 의심한다, 생각한다, 존재한다는 세 가지 구성요소들을 가진 다양체 개념으로 파악하는데 이것은 들뢰즈가『철학이란 무엇인가』에서 개념에 대해 말한 것을 바탕으로 한 것이다.

들뢰즈는 다음과 같이 말하는데 다음 두 인용문은 그 뒤의 도표를

---

44. 『차이와 반복』, 204쪽.
45. 『現代思想』, vol. 24-1, 1996, 203-204쪽.

이해하는 데 도움이 된다.

이념들은 언제나 어떤 양화가능성, 질화가능성, 잠재력의 요소를 갖는다. 이념들은 언제나 규정 가능성, 상호적 규정, 완결된 규정의 절차를 갖는다. 이념들은 언제나 특이점들과 평범한 점들을 분배하고 있고 충족이유의 종합적 점진과 진행을 형성하는 어떤 부가체들을 지니고 있다.[46]

규정가능성, 상호적 규정, 완결된 규정은 셋이 함께 충족이유의 형태를 형성하고 그 형태는 양화가능성, 질화가능성, 잠재력이라는 3중의 요소 안에서 드러난다. 이념이 자기 자신 안에 단지 변이성이나 다양성을 포괄하고 있기 때문만은 아니다. 이념은 각각의 변이성 안에 독특성을 포괄하고 있다. 이념은 특이하거나 독특한 점들의 분배를 포섭하고 있다… 이념의 이런 특성은 할당과 접속 속에서 온다. 이념은 평범한 것과 특이한 것, 독특한 것과 규칙적인 것을 할당한다. 이념은 독특한 점을 규칙적인 점들에 접속하여 또 다른 독특성의 근방에 이르도록 한다. 개체의 저편, 일반자와 특수자 저편에 어떤 추상적인 보편자가 있는 것이 아니다. '전-개체적인 것', 바로 그것이 특이성 자체이다.[47]

---

46. 『차이와 반복』, 396쪽.
47. 앞의 책, 385-386쪽.

문화라는 이념			
	dx dy 자체	dy/dx	dy dx 값
	상징적 관계	상상적 관계	현실적 관계
계기	규정되지 않은 것	실재적으로 규정가능한 것	현실적으로 규정되어 있는 것
원리	규정가능성의 원리	상호적 규정의 원리	완결된 규정의 원리
요소	잠재력	질화가능성	양화가능성
상징dx=색=불=이념			

들뢰즈는 이와 같은 얘기를 「구조주의를 어떻게 식별할 것인가」에서도 말한다. 이 부분은 앞에서 논의하며 본 들뢰즈의 복잡한 얘기를 잘 정리한 것으로 여겨진다.

모든 구조는 다음의 두 측면을 드러낸다. 상징적 요소들을 상호적으로 규정하는 미분적 관계들의 체계와 이 관계들에 상응함으로써 구조의 공간을 그려주는 특이성들의 체계. 모든 구조는 각각 하나의 복수성이다. 그래서 "모든 영역들에 구조가 있는가?"라는 물음은 다음 물음으로 바뀌어야 한다. "어떤 특정한 영역에서, 과연 상징적 요소들, 미분적 관계들, 그리고 그 영역에 고유한 특이점들을 발견할 수 있는가?" 상징적 요소들은 특정 영역의 현실적 대상들과 존재들 안에 구현된다. 미분적 관계들은 이 존재들 사이의 현실적인 관계들 안에서 현실화된다. 특이성들은 구조 내

의 그만큼의 자리들이며 그들이 점유하는 존재들이나 대상들의 상상적 태도들이나 역할들을 분배한다.[48]

결국, 들뢰즈의 애기는 구조란 하나의 복수성(plurality)[49]으로서 상징적 요소, 미분관계, 특이성이라는 3차원으로 구성된 다양체라는 것이다. 들뢰즈는 다른 방식으로 이념의 출현 조건을 말한 후 이념을 가리켜 "n차원을 띤, 정의되어 있고 연속적인 다양체"[50]라고 보거나 내적인 다양체로 보기도 한다. 어떤 공존들의 복합체라고 하거나 어떤 변이체들, 유동적인 종합이라고 말하는 것, 색의 삼차원적 다양체를 말하는 것도 이념, 구조를 복수성으로 보는 관점과 유사한 것이다.

2) 맑스 이론의 문화적-이념적 재구성

들뢰즈는 이렇게 이념론을 이야기하고 나서 이념이 생물학, 물리학, 사회 영역 안에 각각 분배되는 세 가지 이념들을 다룬다. 변이성 안에 포섭된 독특성들이 분배되고 할당됨에 따라 이념은 수학적 이념, 사회학적 이념, 화학적 이념, 생물학적 이념, 심리적 이념, 수리-물리학적 이념,

---

48. 『의미의 논리』, 528쪽.
49. 복수성(plurality)은 복합성(complexity)과 준별되는 용어로 이해해야 한다.
50. 『차이와 반복』, 399쪽.

언어학적 이념 등으로 분화하는데, 이 중에서 주목할 만한 것은 맑스적 인 의미의 사회적 이념에 대하여 들뢰즈가 이야기하는 부분이다.

사회적 이념은 사회들의 양화 가능성, 질화 가능성, 잠재력의 요소이다. 이 이념을 통해 표현되는 것은 이념적인 다양체적 연관들의 체계, 또는 미분적 요소들 사이에서 성립하는 미분비들의 체계이다. 즉 사회적 이념 은 생산관계와 소유관계들을 표현한다. 이 관계나 비율들은 구체적인 인 간들 사이에 성립하는 것이 아니라 노동력을 소유하는 원자들 사이에 또 는 소유의 주체들 사이에 성립한다. 경제학은, 그와 같은 사회적 다양체 에 의해 구성되고, 다시 말해서 이 미분비들의 변이성들에 의해 구성된 다. 그런 비율적 변이성에는 특정한 특이점들이 상응한다. 이 변이성과 특이점들은 규정된 한 사회를 특징짓는 구체적이고 분화된 노동들 속에 서 구현되고 이 사회의 실재적 결합관계들(법률적 정치적 이데올로기적 관계들) 속에서 구현되며, 이 결합관계들의 현실적 항들(가령 자본가 – 임 금 노동자) 속에서 구현된다.[51]

앞에서 들뢰즈가 구조를 미분비적인 요소들 사이에서 성립하고 실 재적인 결합관계들과 현실적인 항들 안에서 구현된다고 말한 것을 상기

---

51. 앞의 책, 405쪽.

문화	상징적 요소	잠재성	물질적 토대	구조
	미분비적 요소	실재적인 결합관계	정치적 법률적 이데올로기적 문화적	
	특이성	현실적인 항	자본가-노동자	

* 줄은 물질적 토대가 실재적인 잠재성이라는 뜻이다.

한다면, 사회적 이념 혹은 사회적 구조는 노동력을 소유하는 원자, 소유의 주체라는 미분비적인 요소들에 의해 구성된다고 말할 수 있다. 특이성이 구조 안의 위치이고 사회 영역 안에 상징적 요소, 미분비적 관계, 특이성이라는 3차원에 의해 구성된다면 사회의 실재적 결합관계들과 그 결합관계들의 현실적인 항은 그 특이성과 변이성을 구현하고 표현하는 방식일 것이다.

이 도표에 따르면 맑스주의에서 상층구조로 여겨져 왔던 법률적, 정치적, 이데올로기적인 것은 구조, 혹은 사회적 구조를 구현하는 미분비적인 요소이고 이에 상응하는 실재적인 결합관계일 뿐이다. 그리고 그 실재는 구조 안의 특이한 점에서 자본-노동이라는 현실적인 항으로 할당된다. 윌리엄스는 그 상부구조에 종교적 미적 철학적인 것까지도 포함된다고 말하는데, 이것을 들뢰즈 식으로 말하면 실재적인 결합관계들이

다양하게 이루어진다고 표현할 수 있을 것이다. 맑스는 『서문』에서 다음과 같이 말한다.

> 자신들의 삶을 사회적으로 생산하는 과정에서 인간들은 필연적이면서 자신들의 의지와는 무관한 일정한 관계들 속에 놓이게 되는데, 그것들은 인간들의 물질적 생산력 발전의 일정한 단계에 상응하는 생산관계들이다. 이러한 생산관계들의 총합이 사회의 참된 기반이라고 할 경제적 구조를 이루며 그 위에 법률적, 정치적 상층구조가 솟아나는데, 사회의식의 일정한 양상들은 그것에 상응한다.[52]

들뢰즈의 이념론에 따르면 토대/상층구조라는 이분법과 각각의 용어는 무의미한 것들이 된다. 토대/상층구조라는 이분법을 이층집의 비유로 바라볼 것이 아니라 들뢰즈적인 구조로서의 이념이란 측면에서 보면 물질적 생산력은 내재성의 장으로서 그 장 안에서 사회적 구조가 구현되고 사회적 이념이 생산관계와 소유관계를 표현하는 것이며 상층구조로 여겨져온 정치적인 것, 법률적인 것, 문화적인 것 등과 이것에 상응하는 이데올로기적인 것은 구조의 다양체를 구성하는 실재들일 뿐이다. 생산력–생산관계–상층구조–사회의식이라는 식으로 플레하노프처럼 구

---

52. 『이념과 문학』, 93-94쪽 재인용.

조를 순차적(사실은 위계적이다)으로 파악할 것이 아니라 이러한 것들을 내재성의 장 자체를 구성하는 역동적인 요소들로 보게 되면 토대와 상부구조도 모두 내재성의 장 안으로 끌려 들어오게 되고 다양체 안의 변이성들과 특이성의 위치로 할당되게 된다. 다시 말해 토대는 별도로 상부구조'와' 토대 하는 식으로 존재하는 것이 아니고, 문화적인 것은 상층구조에 속한다고 말할 필요가 없어진다. 구조는 잠재성, 미분비적 요소, 특이성으로 구성되는 다양체이지 생산관계 위로 상층구조가 솟아나는 것이 아니라는 말이다. 문화적인 것은 사회적 이념, 구조로서의 이념 안에서 경제적인 것, 사회적인 것들과의 상호 규정의 원리 속에서 규정되게 되고 윌리엄스가 강조한 문화와 사회의 물질적 힘과의 관계도 외생적이 아니라 내재적으로 파악할 수 있게 된다. 윌리엄스는 종교적, 미적, 혹은 철학적인 것을 모두 문화적인 것으로 파악하는데,[53] 이렇게 파악해 봐야 문화적인 것은 상층구조에 속한다는 환상을 불러일으킬 뿐이다. 문화적인 것은 실재적인 결합관계들이 그만큼 다양하다는 것, 구조 안에서 미분비들이 그만큼 다양하게 변이한다는 것을 나타낼 뿐이다. 들뢰즈가 보기에 사회적인 문제들은 모두 경제학적인 것이고 문제들에 대한 해들은 때에 따라 법률적 정치적 이데올로기적 문화적일 수 있는 것이므로 구조 안의 미분비들의 변이성과 이 변이성에 상응하는 특이점에

---

53. 앞의 책, 95쪽.

주목하여 이것이 구현하는 상이한 실재들(정치, 법률, 문화, 이데올로기…)의 결합관계들 안에서 문제를 제기하는 것이 중요하다. 들뢰즈가 경제학을 사회적 변증법으로 파악하는 것은 이렇게 문제를 제기하여 한 사회가 분만하는 만큼만 해를 받아내자는 것이다.

이렇게 본다면 문화는 상층구조로 환원될 것이 아니고 경제, 사회 옆에 순차적으로 존재하는 것도 아니다. 오히려 문화 안에 문화, 경제, 정치, 사회, 법률 등이 계기적으로 공존하고 있다고 해야 할 것이다. 적어도 요소들을 위계적 구조나 순차적 구조 및 병치구조가 아니라 계기적 구조, 위상학적 구조로 봐야 한다는 말이다. 이념으로서의 문화는 상징적 요소, 미분비적 변이성, 특이성이라는 3차원을 자신 안에 위상학적으로 포섭하고 있는 실재인 것이다. 들뢰즈는 이러한 실재의 구조를 가리켜 "잠재적 공존의 복수성"[54]이란 말로도 표현하면서 알튀세르에 대해 이렇게 말한다. "알튀세와 그의 동료들은 『자본론』에 내재하는 어떤 참된 구조를 보여주고 맑스 사상에 대한 역사주의적 해석들을 거부하고 있는데 참으로 정확한 이야기라 하지 않을 수 없다."[55] 들뢰즈의 이 말이 뜻하는 의미, 혹은 『자본론』의 참된 구조의 의미는 『의미의 논리』에서 그가 알튀세르를 해석한 방식에 따라 다음과 같이 나온다.

---

54. 『의미의 논리』, 531쪽.
55. 『차이와 반복』, 405쪽.

알튀세와 그의 협력자들이 해석한 마르크시즘을 생각해 보자. 무엇보다도 여기에서 생산관계들은 현실의 인간들이나 구체적 개인들에 의해서가 아니라 우선 하나의 상징적 가치를 가진 행위자들이나 대상들(생산의 대상, 생산 도구, 노동력, 직접 노동자들, 그리고 재산이나 점유 관계들 안에 들어 있는 한에서의 비직접 노동자들)의 미분적 관계들로서 규정된다. 그래서 각 생산 양식은 관계들의 값들에 상응하는 특이점들에 의해 특성화된다. 그리고 구체적 인간들이 자리들을 점유하고 구조의 요소들을 현실화하는 것이 사실이라 해도, 그것은 구조적 자리가 그들에게 부여하는 역할—예컨대 '자본가'—을 따름으로써 또 구조적 관계들에 대한 밑받침으로써 기능하는 한에서이다. 그래서 "진정한 주체들은 이 점유자들과 기능자들이 아니라…이 자리들과 기능들의 정의와 분배이다." 진정한 주체는 구조 자체이다. 미분적인 것과 특이한 것, 미분적 관계들과 특이점들, 상호 규정과 완전한 규정, 이들이 주체인 것이다. …예컨대 이러한 의미에서 알튀세는 맑스의 독창성(그의 반헤겔주의)은 그가 사회체계를 그릇된 변증법적 환상에 따라 차례로 연역하는 대신 경제적 요소들과 관계들의 공존에 의해 정의한 방식에 있다는 것을 보여주었다…또 총체적 사회란 없다. 다만 각 사회 형태는 생산의 어떤 요소들, 관계들, 가치들을 구현할 뿐이다(예컨대 '자본주의').[56]

---

56. 『의미의 논리』, 530-532쪽.

들뢰즈는 알튀세르의 중층결정의 중요성을 강조하는데,[57] 알튀세르의 중층결정은 결국 들뢰즈의 경우 구조의 복수성, 즉 앞에서 본 것처럼 미분적 관계들의 체계와 특이성들의 체계로 이루어지는 복수성을 가리키는 것이다. 이 말은 "완전히 결정된 하나의 전체 안에 공존하는 것은 미분적 요소들과 관계들이다"[58]라고 표현해도 좋다. 이때 상징적 요소, dx, 이념, 잠재성은 미분적 요소들과 관계들이 현실화되고 특이성이 분배되는 내재성의 장이다. 내재성의 장이라는 점을 염두에 두고 다시 말해 위상학적인 것을 도표로, 3차원을 2차원의 표면에 표현하는 한계를 무릅쓰고 지금까지 말한 것, 그리고 앞에서 본 도표들을 종합하여 다시 도표화하면 다음과 같이 그릴 수 있다.

생산관계	생산양식
실재적 결합관계	실재적 결합관계들의 현실적인 항
미분비들의 변이성 혹은 비율적 관계들의 변이성	변이성 안의 특이점 혹은 변이성들에 상응하는 특정한 특이점들
미분적 관계	특이성
이념=잠재성=내재성의 장=문화=구조=dx=상징적인 것=생산력	

---

57. 앞의 책, 525쪽.
58. 앞의 책, 531쪽.

들뢰즈가 "하나의 경제적 관계는 결코 순수하게 존재할 수 없고 그 것이 구현되는 법적, 정치적, 이데올로기적 관계들에 의해 덮힌다"[59]고 말했듯이, 앞의 도표들의 윗칸 아랫 칸들은 서로 겹쳐져 있거나 서로들 사이에서 주름운동을 하고 있다고 봐야 할 것이다. 윌리엄스는 맑스주의 가 생산력 개념을 이해하지 못한 데에서 생긴 오류를 지적하는 가운데, 정치적, 사회적, 문화적 질서의 생산이 갖는 물질적 성격을 지적한 바 있 는데,[60] 가령 문화적 질서의 생산이 갖는 물질적 성격이 윌리엄스가 이 해하는 바의 생산력이라면, 앞 도표에서 그러한 성격은 주름운동 안에 표현되어 있다고 말할 수 있다.

맑스가 『서문』에서 말하는 생산력, 생산관계, 상부구조의 관계는 건축적이지만 알튀세르나 들뢰즈가 말하는 관계는 위상학적이다. 앞의 인용문에서 보았듯이 들뢰즈는 맑스가 사회체계를 그릇된 변증법적 환 상에 따라 순차적으로 연역하지 않은 데에서 독창성을 발휘했고 알튀세 르도 이 점을 간파했다고 말한다. 생산력 발전에 상응하는 생산관계(생 산력과 생산관계의 모순), 경제적 기반의 변화에 따른 상층구조의 급격 한 변화, 생산관계의 총합=경제적 구조와 그 위에 솟아나는 상부구조 식의 논의는 변증법적 환상에 따르는 순차적인 연역방식이다. 그러나 들

---

59. 앞의 책, 535쪽.
60. 『이념과 문학』, 116쪽.

뢰즈에 따르면 사회체계는 경제적 요소들과 관계들의 공존, 더 정확하게 말하면 경제적 요소들과 관계들이 통시적이 아니라 공시적으로, 그것도 위상학적이거나 계기적으로 공존한다는 것이다. 따라서 생산관계는 생산력 발전에 상응하는 것이 아니다. 다시 말해 생산력이 어느 정도 발전하면서 기존의 생산관계가 소유관계와 갈등을 일으키고 이것이 생산력의 족쇄 구실을 하는 것이 아니다. 앞의 인용문에서 보았듯이 들뢰즈는 생산관계와 소유관계가 동시에 사회적 이념에 의해 표현된다고 말하고 그 관계는 혹은 비율은 노동력을 소유하는 원자들 혹은 소유의 주체들 사이에 성립한다고 말한다. 즉 이념(=생산력) 안에서 미분비들의 변이성과 이에 상응하는 특이점들의 분배에 따라 생산관계와 소유관계의 관계가 비율적으로 변하고 그 변화는 원자들과 주체들 사이에서 생기는 것이다. 이념 안에 분배되는 변이성과 특이점들은 실재적 결합 관계에서 표현될 수도 있고 그 현실적인 항에서도 표현될 수 있는 것이다. 맑스는 생산력과 생산관계의 모순에 의해 사회적 혁명이 성립한다고 말하지만 생산관계가 소유관계와 일치하거나 소유관계로 변환되어 거꾸로 혁명 가능성이 봉쇄되는 것은 아닌가? 즉, 다음과 같은 식으로, 사회체계를→ 표지처럼 순차적으로 이해하는 것은 들뢰즈에 따르면 변증법적 환상이거나 오류일 뿐이다. 사회체계에 대한 이러한 이해는 각 항들 사이의 관계를 대칭적, 유클리드적으로 보거나 각 항들의 프랙탈한 측면을 무시하

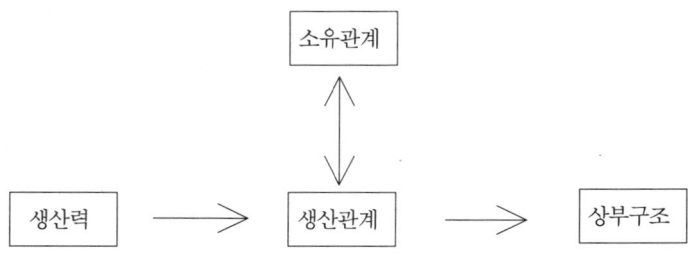

기 때문에 생기는 것이다. 가령 생산관계는 소유관계와 갈등을 일으키는 프랙탈 면이 있는가 하면 일치하는 프랙탈 면도 있는 것이다. 또한 생산관계가 소유관계와 갈등을 일으켜 생산력의 족쇄 구실을 할 수도 있지만(노동자의 파업-자본가), 그렇지 않을 수도 있는 것이다(자본의 해외이전). 이념 안에 분배되는 변이성들과 특이점들이 구현되는 생산관계로서의 실재적인 결합관계, 이 결합관계들의 현실적인 항 그리고 둘 사이의 관계도 문제다.

3) 문화와 구조

레이먼드 윌리엄스는 문화를 '전체적인 생활양식'이라고 정의한다. 이때 '전체적인'이라는 말은 문화와 사회, 자연과 사회, 사회와 경제를 새롭게 구성하려는 전략에서 나온 것이다. 구성적인 사회과정으로서의 문화, 문화의 물질적인 성격도 그 전략이 적절하게 맞아 떨어진 결과다. 그러나 레이먼드 윌리엄스는 문화, 사회, 자연, 경제의 각 영역을 통합적으로 파악하려고 했지만 문화의 구조를 해명한 것은 아니다. 그것은 앞 도표에서 봤듯이 구조 자체를 잠재성으로 파악할 때 가능하다. 앞 도표에서 보았듯이 들뢰즈에게 있어서 구조는 이념과 같은 것이다.[61]

따라서 구조는 다양체로 이해될 수밖에 없다. 문화 또한 잠재성으로 파악하고 그 안에 미분적 요소들과 관계들이 잠재적으로 공존하며 이것들이 실재적인 결합관계와 그 결합관계들의 현실적인 항에서 구현되는 것으로 파악해야 한다.[62] 이렇게 되면 레이먼드 윌리엄스 식으로 문화의 물질적인 성격, 사회적인 구성과정으로서의 문화를 이야기하지 않아도 된다. 그리고 문화를 상부구조로 파악하여 문화 영역에 손상을 입혔다고 말하거나, 상부구조로의 도피를 비판할 필요가 없어진다. 레이먼드 윌리엄스가 말하는 '문화'는 잠재성으로서의 문화가 현실화된 것, 잠재성으로서의 문화에 잠재적으로 공존하는 미분적 요소들과 관계에 특정한 dx의 값이 배분된 문화를 가리킨다. 따라서 들뢰즈 식으로 말하

---

61. 우노쿠니치(宇野邦一)는 『ドゥルズ』(河出書房新社, 2005)에서 들뢰즈의 저서 『의미의 논리』가, "구조라는 말을 이념으로 치환하여 언어의 본질은 무엇인가를 사건, 비신체, 표층, 이념이라는 각도에서 파악하"는 책이라고 말한다(144쪽). 이념의 문제는 『의미의 논리』에서 구조주의와 연관하여 논의되는데 이 문제는 그 이전에 이미 『차이와 반복』에서 검토된 것이다.
62. 앞에서 문화=구조=이념=잠재성=상징적인 것=dx 등으로 말했던 의미는 여기에 있다. 생산력은 물질적인 것이긴 하지만, 이것을 잠재성으로 보게 되면 생산관계, 생산양식과의 3차원 다양체 도식이 만들어지는데, 이 도식은 토대/상부구조의 기존 도식을 대체할 수 있을 것이고 생산력과 생산관계, 생산관계와 소유관계의 갈등 문제 등도 재구축할 수 있을 것이다.

면 문화를 '전체적인 생활양식'이라고 정의할 필요가 없다. '전체적인 생활양식'이라고 할 때의 예의 그 '전체성'은 윌리엄스 식으로 현실화되는 것이 아니기 때문이다. 들뢰즈가 알튀세르를 따라 구조가 주체라고 하거나 "구조는 필연적으로 무의식적일 수밖에 없다"[63]고 말하거나 "총체적인 사회란 없다"[64]고 말한 것을 고려해 보자. 문화를 총체성, 전체성, 유네스코의 정의 같은 총체적인 복합체 등으로 이해하는 것은 문화를 현실적인 값을 지닌 문화로 파악하는 것이다. 혹은 문화라는 다양체, 앞의 도표에서 본 3중의 구조를 지닌 다양체를 완결된 규정의 원리로 축소시켜 양화 가능성만 추구하는 것이다. 그러나 들뢰즈에게 있어서 문화는 현실화되지 않고 실재한다. 들뢰즈는 구조를 이중적 측면을 갖고 있는 것으로 파악한다. "그래서 구조는 그 자체로서는 미분적(微分的)/변별적(辨別的)이며 그 효과/결과에 있어서는 분화(分化)적이다."[65] 따라서 잠재성으로서의 문화가 분화된 것이 레이먼드 윌리엄스 식의 문화다. 문화를 이렇게 잠재성으로 파악할 경우 문화에 대한 통합적인 이해가 비로소 가능해진다.

　　1960년대에 대두하여 문화를 계량화하고 지표화하려고 하는 문화

---

63. 『의미의 논리』, 530쪽.
64. 앞의 책, 532쪽.
65. 앞의 책, 533쪽.

경제학, 그리고 최근 대두하고 있는 문화경쟁력 등의 담론은 이러한 문화의 구조, 이념으로서의 문화의 구조를 이해하지 못하는 것이다. 구조 자체, 문화 자체는 현실화하는 것이 아니기 때문이다. 이러한 입장들은 구조 안의 특정한 관계들, 관계들의 값들, 특이성의 배분이 현실화되는 데에만 관심을 갖는 것이다. 이와 달리 문화를 주체생산양식으로 보고 주체의 문화적이고 잠재적인 역능을 강조하는 문화사회론의 입장이나 문화를 교환불가능한 공통재로 파악하거나 거래 불가능한 것으로 파악하는 가브리엘 타르드, 자율주의의 입장은 문화를 잠재적인 것으로 파악한 결과라고 볼 수 있다. 문화가 교역의 대상이 아니라고 하는 스크린쿼터 철폐운동에서 이해하는 문화도 마찬가지다.

3. 결론

필자는 지금까지 맑스, 특히 맑스주의의 역사에서 발생해온 그리고 발생할 수 있는 오류의 담론들을 들뢰즈의 이념의 입장에서 살펴보았다. 레이먼드 윌리엄스가 맑스주의의 역사에서 거둔 성과와 그 한계도 고찰해 보았다. 레이먼드 윌리엄스는 구조와 상부구조의 관계를 복합성의 관점에서 살피려고 하고, 문화의 물질적인 성격은 인정하지만, 사회적 관계를 경제적 관계의 '결과'로 파악하며, 상부구조라는 관념을 지우지는 못하고 있다. 결국 레이먼드 윌리엄스는 순차적인 연역 방식에서 벗어나지 못한 것이다. 이와 달리 알튀세르에 이르면 구조의 중층결정적인 성격이 어느 정도 해명이 되고 들뢰즈가 사회적 이념의 구성체를 설명하면서 그 중층결정론을 명확하게 해명한다. 들뢰즈의 이념을 문화로 대체할 경우 문화의 물질적인 성격 외에도 우리는 많은 부분을 해명할 수 있을 것이다. 문화라는 이념 안에도 경제적인 요소들과 관계들이 공존할 터이기 때문이다. 즉 문화라는 이념 안에 분배되는 미분비들의 변이성과 이에 상응하는 특이점들이 실재적인 결합 관계들과 그 현실적인 항에서 구현된다고 말할 수 있는 것이다. 정치적 법률적 이데올로기적인 결합 관계가 문화와 무관한 것도 아니고 노동-자본이 문화와 무관한 것도 아니기 때문이다. 결국 들뢰즈가 사회적 다양체 이야기를 하듯이 문화도 다양체적인 것으로 파악해야 한다는 것이다. 실재의 결합관계와 그 현실적인 항, 생산력은 문화다양체 안에서 분배 배치되어 있는 것이지 순차적으로 위계화되어 있는 것이 아니다.

2.
대구의 재개발과
문화연구

들어가며

기존의 포스트 포디즘 논의는 저개발국가(주변의 주변)→주변부 포디즘 국가들(주변의 중심)→중심부 포디즘 국가들(중심의 주변)→포스트 포디즘 국가들(중심의 중심)이라는 도식에 바탕을 두고 있었다. 그러나 이 도식은 고도로 발달한 자본주의 국가에 한정되어 진행되어 온 한계를 갖고 있다. 이러한 설명은 가령 앨빈 토플러가 부자나라와 부자들의 입장에서 "놀랍게도 가난한 나라의 수백만 빈농들은 화폐 경제로 들어서고 있는데 부유한 나라의 수백만 부자들은 정반대로 가고 있다"[1]고 말하는 방식과 비슷할 수 있다. 따라서 가령 이러한 도식으로는 중심의 중심에 속하는 포스트 포디즘 국가들 내부에 형성된 혹은 형성되고 있는 거대한 저임금 노동시장이나 전 지구적인 차원에서 진행되어 오고 있는 빈곤의 확대를 설명하기에 불충분하다. 좀 더 자세하게 말하면 자본의 축적 방식이 포드주의에서 포스트 포드주의로 변하면서 글로컬한 차원에서 소수의 안정적인 고임금 노동자와 그들과 맘먹는 다수의 임시 또는 계약직 노동자로 이루어진 이중 노동시장이 형성되어 오고 있는 현실을 포착하는데 그 도식으로는 일정한 한계에 갇힐 수 있다는 말이다. 오늘날 자본주의 경제에서 미국이든 한국이든 인도든 러시아든 이제 각각의 국민국가는 일국 내에서도 두 개의 나라로 양분되고 있고 그 모습은 알랭 리피에츠가 말하는 모래시계 사회(hourglass society)[2]의 양상을 띠고 있다.

두 가지 예만 들자. 아메리칸 드림의 표상이었던 미국에서 하루 7달러 이하로 생계를 유지하는 사람이 7천 6백만 명에 이르고, 소득분배의 불균형을 나타내는 지니계수가 멕시코 다음으로 2위를 달리는 나라가 미국이다. 한국의 경제 규모는 세계 12위지만 그와 동시에 슬럼 거주 인

---

1. 앨빈 토플러, 『부의 미래』, 김중웅 옮김, 청림출판, 2006, 235쪽.

2. *Phases of Capitalist Development Booms, Crises and Globalizations,* ed. Robert Albritton, Makoto Itoh, Richard Westra and Alan Zuego (Palgrave, 2001), p. 18.

구가 전체 도시 인구의 37%를 차지하는 세계 12위의 슬럼 대국이 한국 사회이기도 하다.[3] 이것은 한국사회가 개미허리를 가진 모래시계 사회로 변했다는 것을 뜻한다. 또 동시에 그 개미허리는 한국만이 아니라 미국, 스웨덴, 남미, 일본, 러시아, 영국, 아프리카 등 전 세계를 횡단하고 있다. 이것을 한 마디로 말하면 빈곤의 전 지구적 횡단 현상이라고 말할 수 있을 것이다. 허리가 가는 모래시계의 그림자가 글로컬(glocal)한 차원의 노동시장에 그대로 투영되어 거대한 저임금 노동시장의 하층을 형성하고 이것이 다시 도시 개발과 맞물리면서 도시 안에 거대한 슬럼가를 형성시키고 이것이 또 다시 도시를 지리정치적–문화적으로 양분시키는 순환 구조를 만든다.

요컨대, 한편에서 보면 세계에는 화폐경제에서 비화폐경제로 넘어가는 나라가 있는가 하면 이제 겨우 화폐경제로 진입하는 나라가 있고,[4] 다른 한 편에서 보면 세계자본주의 하에서 이제는 중심부와 주변부를 막론하고 그 차이를 인정하는 것이 의미를 잃어가고 있고 글로컬한 차

---

3. 이명박 정부가 2008년에 들어선 후 한국의 경제 규모는 계속 떨어지고 있다.
4. 소위 말하는 지식기반경제(knowledge-based society)나 토플러가 말하는 프로슈밍 경제는 비화폐경제를 뜻하는 것이다. 또한 최근 제기되고 있는 녹색뉴딜경제나 미국과 일본이 주도하고 있는 GNR(유전학, 나노학, 로봇학) 혁명은 다시 전 지구를 중심 대 주변으로 양분하는 역할을 하게 될 것이다. 지식기반경제 및 프로슈밍 경제와 GNR 혁명은 불가분의 관계를 갖는다. 앞으로 세상은 포드주의에서와 같은 방식으로 중심부와 주변부로 나누어지는 것이 아니라 이와 같은 경제를 선도하는 나라들과 뒤쫓아 가는 나라들로 재편될 것이다.

원에서 양극화라고 할 수도 없을 정도의 극단적인 모래시계 사회 현상
이 일어나고 있으며 이것이 거대한 순환 구조를 만들어 국민국가 차원
이든 지역 차원이든 도시를 젠트리피케이션(gentrification)[5]된 공간과 슬
럼화된 공간으로 양분하고 있고, 그 두 개의 공간이 모래시계처럼 극단
적인 양극화 현상을 보이고 있다는 것이다. 이러한 모습이 얼마나 전 지
구적인 현상이고 빈곤이 얼마나 전 지구적으로 횡단하고 있는지에 대해
서는 알랭 리피에츠가 제시하는 아래 도표를 보면 그 실태를 명확하게

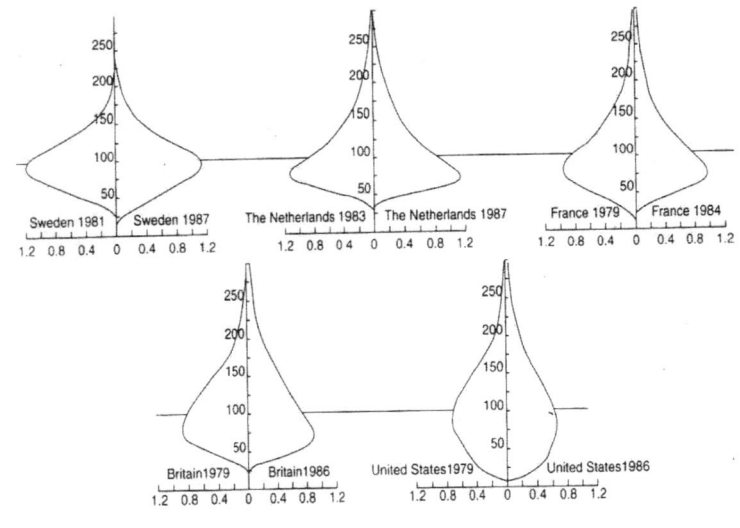

5. 도심의 고급화, 주택의 고급화, 건물의 고층화 등을 가리켜 젠트리피케이션이라
고 하고 이것은 무엇보다도 건설자본의 사적인 이윤을 보장해 주고 동시에 사회
적 통제를 극대화하려는 도시 재개발 사업이다. 도시 미화 사업, 도심 정비 사업,
도시재생 사업 등 각종 이름으로 재개되는 재개발 사업은 결국 도시 내 인구를

이해할 수 있다.6)

　이 도표에서 보듯이 잘 사는 사민주의 국가인 스웨덴이든 네덜란드든 혹은 프랑스, 영국, 미국이든 각각의 국민국가들이 모두 다수의 가난한 자와 소수의 부자로 뚜렷하게 양분되는 현상이 전 지구적으로 관찰된다.

대한민국은 모래시계를 가진 새로운 계급사회다

　모래시계 사회의 모습은 한국사회에서도 예외가 아니다. 모래시계는 소수의 안정적인 고임금 노동자와 대다수의 저임금 불안정 노동자의 양극으로 나타나기도 하고 정규직과 비정규직의 양극으로 나타나기도 한다. 달리 재벌이 운영하는 기업형 마트와 구멍가게라는 양극으로 나타나기도 하고 귀족 학교와 일반 학교의 양극으로 나타나기도 한다. 박노자는 "오늘날 전임 교수의 자녀가 연구교수직을 전전하는 박사급 비정규직이 되고 오늘날 정규직 노동자의 자녀가 평생 각종 임시직과 계약직 이상을 얻지 못하는 영구적 아르바이트생이 될 확률이 높은 곳이 지금의 대한민국이다"7)라고 하면서 "15-20년 뒤의 한국은 선진국은커녕 브라질처럼

차별 분리하는 일종의 아파르헤이트 같은 것이다. 최근 한국사회에서 현안이 되고 있는 용산 사태가 그것의 가장 극명한 사례이다.

6. *Phases of Capitalist Development Booms, Crises and Globalizations*, p. 20.

빈곤층과 준빈곤층이 다수를 차지하는 남미형 사회가 될 것"[8]이라고 진단한다. 기업이든 학교든 노동이 요구되는 곳이면 어디서든지 모래시계가 출현한다는 것이다. 『90%가 하류로 전락한다』의 저자인 후지이 겐키는 2006년 반드시 새로운 계급사회가 도래한다고 밝혔는데, 이것을 1996년에 영국의 저널리스트인 윌 허턴(Will Hutton)이 말한 '30-30-40 사회'[9] 즉 첫 번째 30은 배제된 자, 그 다음 30은 불안정한 계층, 그리고 나머지 40은 안정된 계층이라고 말한 사회와 비교하면 전자와 후자가 말한 10년 사이에 급격하게 모래시계 형태로 변했다고 말할 수 있다. 윌 허턴이 말한 대로 두 개의 30을 더해 6 대 4의 사회라고 해도, 그것이 10년이 지난 2006년에는 9 대 1의 사회로 변했다는 뜻이기 때문이다.

주지하다시피 현재 대한민국에서 전체 개인 보유 주식의 73%를 한국사회의 1%가 차지하고 있고 전체 부동산의 78%는 최고 10%가 차지하고 있다. 2008년 개인 소유 주식의 시가총액이 157.3조 원이고 한국사회의 인구가 약 5천 만 명이라면, 5십 만 명이 110.1조 원을 갖고 있고 나머지 4천9백5십 만 명이 47.2조 원을 나눠 갖고 있다는 얘기다. 한국에서 아파트 가격 시가총액이 1,700조라면 5백 만 명이 그 중 1,316조

7. <한겨레>, 2009. 8. 18, 30면.
8. 앞의 신문.
9. *Phases of Capitalist Development Booms, Crises and Globalizations*, p. 27.

원을 갖고 있다는 얘기가 된다. 따라서 주식과 부동산을 대거 소유한 사람들은 절대 빈곤층들의 영원히 불안한 생지옥을 체험하는 것이 아니라, 박노자가 말한 대로 유치원 때부터 오렌지의 본토 발음을 익히거나 미국의 아이비리그 대학 내지는 수도권의 최고 명문대를 다니며 천국의 권력을 차지하게 될 것이다. 이렇게 한국사회가 IMF 이후 급속하게 귀족-평민-천민 계급으로 나누어지게 된 것은 다음과 같은 도표들에 나타난 지표를 통해 쉽게 확인해 볼 수 있다.10)

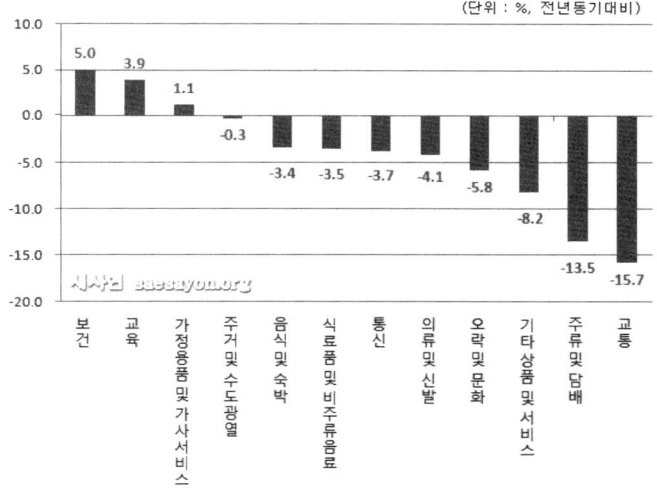

가구당 월평균 소비지출 부문별 증감율

---

10. 이 도표들은 <새사연> 홈피에서 빌어 왔다.

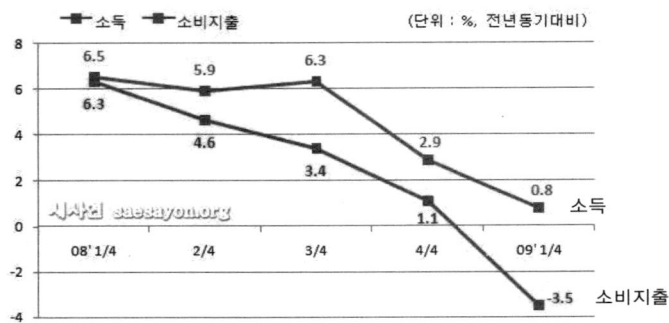

가구당 월평균 소득과 소비지출 증감율 추이

소득　소비지출　(단위 : %, 전년동기대비)

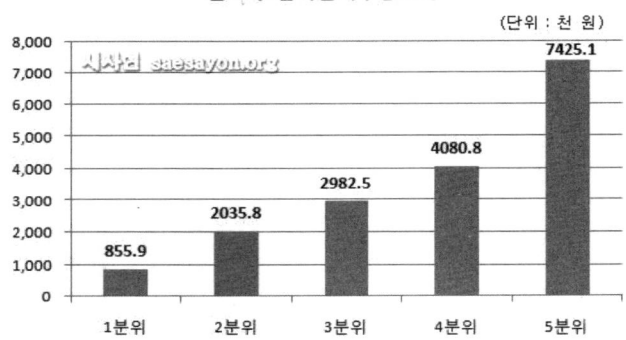

월소득 5분위별 가구당 소득

(단위 : 천 원)

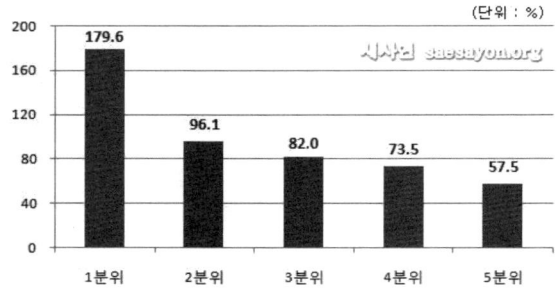

월소득 5분위별 평균소비성향

(단위 : %)

대구 경북의 도시공간과 문화지형

한국사회가 알랭 리피에츠가 정의한 대로의 모래시계 사회든 후지이 겐키가 말한 대로의 새로운 계급 사회든 혹은 박노자가 말한 대로의 귀족-평민-천민으로 나누어지고 세 계층 사이에 서로 만날 일도 없고 의사소통이 단절된 사회이든 앞의 도표에서 가구별 소득 1분위와 5분위의 차이를 비교해 보면 그 차이가 9배 정도 된다는 것을 알 수 있다. 따라서 윌 허튼이 말한 '30-30-40의 사회'는 이제 한국사회에 적용되지 않는다는 것을 알 수 있다.

슬럼의 세계화

그렇다면 이러한 새로운 계급 사회는 도시공간에서 구체적으로 어떤 모습을 하고 나타나는가? 한국사회의 경우 이러한 새로운 계급 사회의 모습은 2002년에 도곡동에 타워팰리스가 들어서면서 구체적으로 그 모습을 드러냈다. 포이동 266번지 일명 구룡마을 일대 판자촌과 그 뒤에 거대한 모습을 드러낸 타워팰리스의 극명한 대비를 통해 한국사회가 얼마나 분명한 계급 사회인지가 실감나게 드러난 것이다.

마이크 데이비스에 따르면 현재 슬럼이라는 혹성이 지구를 뒤덮고 있는데 그 숫자는 약 20만 개로 추정되고 있고 한 슬럼마다 수백 명 씩

혹은 수백만 명 씩 거주하고 있다. 데이비스는 다음과 같이 말한다.

당분간은 시골이 세계 빈민의 대다수를 수용할 테지만 2035년이 되면 세
계 빈민의 고향이라는 꺼림칙한 명예는 도시 슬럼에 돌아갈 것이다. 조만
간 제 3 세계 도시인구는 폭발적으로 증가할 것이고, 그중 최소한 절반은
비공식 마을에 살게 될 것이다.

슬럼 인구는 2030-2040년 사이에 20억에 육박할 것이다. …UN 도시관
측프로젝트에 참여했던 연구원들은 2020년이 되면 전 세계 도시 빈민이

전체 도시 주민의 45-50%에 육박할 수 있다고 경고했다.[11]

이러한 현재와 미래의 상황을 마이크 데이비스의 표현을 빌리면 '도시 빈곤의 빅뱅'이라고 부를 수 있다. 도시 안에 슬럼이 늘어나고 빈곤층이 대다수를 차지하게 되는데 그것이 빅뱅 수준으로 증가할 것이라는 말이다. 도시 안에 빈곤층이 빅뱅 수준으로 증가하게 된 원인은 무엇보다도 전 지구적으로 피 말리는 하층 경쟁이 심화되면서 불완전고용이 폭발적으로 증가하고 여기에다가 구조조정, 민영화, 공공부문 지출 축소 등 워싱턴컨센서스에서 출발한 신자유주의가 1970년대 오일 쇼크 이후 자본의 위기를 관리하는 프로그램을 전 지구적으로 가동시켰기 때문이다. 그 결과는 에콰도르의 불완전고용 숫자가 공공부문의 해고로 인해 110만 명이 갑자기 생겨나는 등 전 지구적으로 빈곤의 세계화가 진행되는 것으로 나타났다. 한 가지 예를 보자. 아프리카의 나이지리아에 실시된 SAP(구조조정 프로그램의 약자)의 경우다.

이 경제 프로그램의 괴상한 논리대로라면, 죽어가는 경제를 되살리기 위해서는 우선 힘없는 대다수 시민들의 마지막 고혈을 SAP('sap'는 구조조정 프로그램의 약자지만 영어로 '수액을 짜내다'라는 뜻도 있다 - 역자)해

---

11. 마이크 데이비스, 『슬럼 지구를 뒤덮다』, 김정아 옮김, 돌베개, 2007, 195쪽.

야 했다. 중산층은 순식간에 자취를 감추었다. 극소수의 부자들은 점점 부자가 되었고 가난한 사람들은 점점 늘어났다. 부자들이 내버린 쓰레기가 극빈층의 밥상이 되었다. 고급 인력은 아랍의 석유 부국과 서구 사회로 빠져 나갔다. 두뇌 유출은 홍수처럼 이어졌다.12)

구조조정의 핵심은 말 그대로 기업과 국가의 사적 이윤을 보장해 주기 위해 사람을 자르고 해고하는 것이다. 지난 2009년 쌍용차 사태에서도 보았듯이 쌍용자동차 파업 중에 전경련이 노동의 유연화를 요구하고 대통령마저 노동유연화는 거스를 수 없는 대세라고 말했던 것이 바로 그 예이다. 마이크 데이비스가 '불도저 도시계획'이라고 표현했듯이 불도저로 민중들의 공간을 밀어내고 부유층의 문화를 확산시키면서 전 지구적으로 거대하게 형성되어 있는 저임금 노동시장에서 불안정 저임금 노동자를 고용해 건설자본이든 다른 자본이든 기업의 사적인 이익을 보장해 주는 흐름이 신자유주의 하에서 대세를 이루었고 그 결과 전 지구적으로 슬럼이 대세를 이룰 수밖에 없는 결과가 나타나게 된 것이다. 지난 번 여섯 명의 고귀한 목숨을 앗아간 용산 사태는 바로 기업-국가-지자체 삼각 동맹의 사적 이윤을 확보해 주려고 불도저로 민중들의 공간을 재개발이라는 명목 하에 밀어버린 결과이거니와 그 배후에는 이렇게 1990

12. 앞의 책, 196쪽.

년대 이후 전 지구적으로 진행되어온 거대한 흐름이 놓여 있는 것이다.

세계 30대 거대슬럼				
1. 멕시코시티	2. 카라카스	3. 보고타	4. 리마	5. 리마
6. 라고스	7. 바그다드	8. 가우텡	9. 팔레스타인	10. 카라치
11. 케이프타운	12. 다카	13. 카이로	14. 카이로	15. 루안다
16. 뭄바이	17. 나이로비	18. 라파즈	19. 카이로	20. 카라카스
21. 테헤란	22. 멕시코시티	23. 더반	24. 카이로	25. 앙카라
26. 나이로비	27. 칼리	28. 라고스	29. 포르토프랭스	30. 킨샤샤

국가별 슬럼 인구 순위				
1. 중국	2. 인도	3. 브라질	4. 나이지리아	5. 파키스탄
6. 방글라데시	7. 인도네시아	8. 이란	9. 필리핀	10. 터키
11. 멕시코	12. 남한	13. 페루	14. 미국	15. 이집트
16. 아르헨티나	17. 탄자니아	18. 에티오피아	19. 수단	20. 베트남

전 지구적으로 슬럼이 어떻게 이루어져 있고 도심 안에 혹은 도시 외곽에 어떻게 슬럼이 형성되어 있는지 눈으로 보자. 영화 <슬럼독 밀리어네어>에는 인도의 뭄바이 지역에 형성된 거대한 슬럼가가 나오는데 바로 다음 사진이 그것이다.

몽골의 수도 울란바토르에서 외곽으로 밀려나 울란 지역에 형성된 슬럼가도 보도록 하자.

필리핀 마닐라의 강가에 형성된 슬럼가의 모습은 다음과 같다. 그 아래는 아프리카 케냐의 슬럼가다.

대구의 재개발과 문화적 모순

　그렇다면 한국사회에서 대구의 경우는 어떤가? 대구 곳곳에 존재하는 일명 '쪽방'의 모습과 범어 네거리 주변에 건설 중인 54층 규모의 두산 위브 더 제니스 고층 아파트를 비교해 보면 대구 또한 서울의 타워팰리스 대 포이동 266번지와 마찬가지로 공간이 계급적으로 철저하게 양분되어 있다는 것을 알 수 있다.

    앞의 표에서 보았지만 국가별 슬럼 인구 순위 12위인 한국사회의 경우 분명 슬럼대국이다. 멕시코 다음으로 도시 인구 대비 슬럼 인구가 37%가 되는 나라가 대한민국이다. 앞의 표를 기준으로 하면, 5백2십5만 4천 명이 슬럼가에 사는 사람들이다. 마이크 데이비스는 도시 빈민과 슬럼 주민이라는 두 가지 범주가 겹치는 경우가 많지만 도시 빈민의 수가 슬럼 주민의 수보다 많다고 말한다.13) 그렇다면 도시 빈민의 숫자는 한

---

13. 앞의 책, 41쪽.

국사회의 경우 5백2십5만4천 명보다 많다는 얘기가 된다. 미국의 경우 CEO와 일반 근로자의 소득 격차는 무려 170배나 되고 시애틀 같은 부자도시와 나이지리아의 이바단 같은 극빈 도시의 1인당 소득 격차는 무려 739 대 1이라고 한다. 그렇다면 대구에서 초고층 아파트와 쪽방의 시가 차이는 얼마나 될까? 또한 아시아에서 가장 높다는 80층짜리의 부산 해운대 두산 위브 더 제니스와 쪽방의 시가 총액 차이는 얼마나 될까? 상상만 해도 충분할 것이다.

단순하게 양극화 사회니 격차 사회니 하는 말들은 이제 이러한 경제적이고 계급적인 모순을 설명하는 데 어울리지 않는다. 중류에서 하류로 거대한 이동이 시작했다고 말하는 후지이 겐 키의 『90%가 하류로 전락한다』를 번역한 이혁재가 말하는 '대차(大差) 사회'로 한국사회를 규정해도 성이 차지 않을 정도다. 산재사망률 1위, OECD 국가 중 노동시간 최장 1위, 자살률 1위, 저출산율 1위, 소득불평등을 나타내주는 지니계수는 2008년 기준으로 일본보다 높은 0.325를 차지하는 한국사회를 규정하는 언어를 찾는다는 것 자체가 불가능할지 모른다. 학교에서 후지이 겐키의 책을 가지고 학생들이 상류에 속하는가 하류에 속하는가를 설문 조사해 본 적이 있다. 20명 중에 상류에 속하거나 상류 의식을 갖고 있는 학생들은 아무도 없었다. 후지이 겐키가 만든 20개의 지표들을 가지고 가령 안정성 있는 투자를 하고 싶다라는 설문에 동의하는가 아닌가를 밝히고 총 20개 지표 중 그 퍼센트를 가지고 상류, 하류를 구별하는 설문이었는데 20명의 학생들 중에서 아무도 상류에 속하지 않는다는 것은 그가 말하는 대로 이미 하류로의 거대한 이동이 시작되었다는 뜻이기도 하고 쪽방과 위브 더 제니스의 차이처럼 소득 격차가 천양지차로 벌어지기 시작했다는 것을 뜻하는 것이기도 하다. 가령 이런 것이다.

다음은 어떤 가정에서 엄마와 딸이 나누는 대화이다.

딸: "엄마, 내 루이뷔통 핸드백 못 봤어?"

어머니: "못 봤어. 샤넬은 옷장 안에 있던데."

딸: "샤넬은 저번에 메고 나갔잖아.

　　오늘은 루이뷔통을 갖고 나가야 되는데."

이 정도 대화면 이 집안은 상류층에 속할 것처럼 보인다. 샤넬이니 루이뷔통이니 하는 고급브랜드를 번갈아 가며 메고 나가는 형편이니 말이다. 그러나 후지이 겐키는 이 집안이 하류에 속한다고 말한다. 샤넬이 하류라니? 명품 아닌가? 그러나 그는 상류층 딸이라면 자신의 핸드백의 브랜드명을 말하지 않는다고 말한다.[14] 수많은 브랜드 핸드백 중 하나일 뿐

---

14. 후지이 겐키, 『90%가 하류로 전락한다』, 이혁재 옮김, 재인, 2006, 120쪽.

출처: 대구쪽방상담소

이기 때문이라는 것이다. 따라서 상류층 집안은 핸드백을 브랜드명이 아니라 빨간색, 초록색 등 색깔로 구별한다는 것이다.

2009년 7월 학생들과 함께 '빈활단'을 만들어 대구에 존재하는 쪽방을 탐방한 적이 있었다. 서부정류장 맞은 편, 서문 시장 뒤 쪽, 만평네거리, 반고개 등의 여관방에 사는 사람들은 더 이상 통치할 필요도 없는 호모 사케르(homo sacer) 수준의 사람들이었다. 과거에 여관으로 사용되던 손바닥만한 공간에서 매달 10만원 이상의 월세를 내며 살아가는 빈민들이 거주하는 곳을 쪽방이라고 하는데, 그 쪽방의 수준도 천차만별이고 여관이 아니라 여인숙의 손바닥만 하게 여러 개로 쪼개진 공간에서 거주하는 경우는 쪽방이라고 이름 붙이기에도 뭣한 곳이었다. 부엌이

구	동	위치	건물수	거주자수
동구	신암동	동대구역 맞은 편, 파티마병원 옆, 고속터미널 옆	24	172
	신천동	동부정류장 부근		
서구	비산동	북부정류장 건너편에서 만평로타리까지 골목에 집중적으로 밀집	37	273
	내당동	서대구시장, 반고개 부근		
	원대동	만평로타리, 경일중학교 앞 복개도로		
남구	대명동	서부정류장 네거리 부근	6	27
	칠성동	대구역 뒤편과 칠성시장 내 혹은 주변		
북구	대현동	옛 신도극장 뒤편, 강남약국 뒤편, 감나무골 등	64	305
	침산동	변전소 부근		
중구	달성동	서문교회 뒤편, 달성공원 인근 여인숙	54	313
	대신동	달성동과 동일		
	태평로	대구역 맞은 편 여인숙, 사창가 지역(속칭 오방골목 지역)		
	동인동	대우빌딩에서 동인네거리까지 도로 안 골목 지역		

없기 때문에 사람들은 쪽방 안에서 브루스타로 라면을 끓여 먹든지 소금에 밥을 먹는 정도였고 낡아 빠진 선풍기라도 한 대 있으면 그나마 형편이 나은 것이었다. 산다기보다는 그저 목숨이 붙어 있으니 존재할 따

름이었다. 대구 칠성 시장 도살장 뒤편을 돌아가면 지금은 다 어디론가 뿔뿔이 흩어졌지만 철도가 옆으로 지나가는 한 뼘의 보도공간을 따라 죽 늘어선 판잣집 이하의 거주 공간은 전쟁통에도 볼 수 없는 참혹한 수준의 광경이었다.

현재 대구의 쪽방 거주 공간이 분포된 지역과 그 숫자는 앞과 같다.

다른 자료에 의하면 대구 지역 쪽방 거주인은 2008년 2월 기준으로 811명이라는 통계도 있지만 앞의 도표에서는 2005년도 기준으로 이미 1,090명이 쪽방에서 생활하는 사람들의 숫자다. 이러한 차이가 나는 이유는 노숙생활을 하다가 쪽방으로 들어오는 경우도 있고 그와 반대되는 경우도 있어서 통계 숫자를 잡기 어려운 탓이다. 현재 대구에서는 최근의 경기불황과 겹쳐 쪽방 거주인의 숫자가 늘어나고 있는 형편이다. 2008년 대구쪽방상담소 실태보고서에 따르면 쪽방 거주인들의 고용상태는 다음의 표와 같다.[15]

쪽방 거주인들의 이러한 고용 상태를 보면 비 임금 근로를 제외하고 일용직이 제일 높다는 점에서 왜 사람들이 쪽방으로 들어갈 수밖에 없는가 하는 경제적인 원인이 명확해진다. 쪽방에서 살 수밖에 없는 거주인들 중에서 일용직의 숫자가 상시고용 숫자에 비해 13배 가량이나

---

15. <2008년 대구지역 쪽방거주인 실태조사 보고서>, (사)자원봉사능력개발원 대구쪽방상담소, 37쪽.

구분		빈도	비율
고용상태	상시고용	2	4.9
	임시고용	9	21.9
	일용직	26	63.4
	비 임금 근로	4	9.8
합계		41	100

된다는 것은 대구에서 가장 최하위 층에 속하는 사람들이 고용 상태에 따라 쪽방에 들어오게 되는데, 이것은 저임금이라고 할 수도 없고 최저 생계비에도 미치지 못하는 돈으로 생활하는 아니 그저 존재하기만 할 뿐인 사람들의 숫자가 그만큼 많다는 뜻이다. 두 번째로 그것은 그들의 고용상태가 노동력의 분할을 토대로 하는 거대한 저임금 시장의 존재에 의해 결정된다는 것을 뜻하는 것이며 자본이 그만큼 다시 말해 13배 만큼 더 착취한다는 것을 의미하기도 하는 것이다. 따라서 대구의 쪽방은 그저 가난한 사람들의 거주공간이 아니라 마이크 데이비스가 말하는 대로, 그리고 <박물관은 살아 있다>에 나오는 박물관의 이미지와 전혀 다른 '착취의 박물관'이라고 해야 할 것이다.

현재 전 세계에는 약 10억 명에 이르는 비공식 노동계급이 존재한다. 이들은 슬럼 인구와 겹쳐지는 경우도 있지만 완전하게 일치하지는 않는다. 그러나 그렇다고 하더라도 그 겹쳐지는 부분을 생각한다면 쪽방 거주인들은 비공식경제를 통해 착취를 감행하는 자본 축적의 논리와 불가분의 관계에 있다고 말해야 할 것이다. 요즘 말하는 비정규직의 범위에도 포괄되지 않고 그러면서도 노동 빈민의 최하위층에 속하는 사람들이 쪽방 거주인들이기 때문이다. 최근에 '노동 빈민'(working poor) 개념이 논의되고 있지만 마이크 데이비스가 말하는 대다수 도시 안의 비공식적 생존주의(survivalism)16)가 슬럼에 살고 있는 절대 빈민들을 규정하는 데 조금 더 적합한 용어로 보인다.

그렇다면 빈곤이 전 지구를 횡단하고 노동의 극단적인 분할로 인해 이러한 경제적 불평등이 생겨나며 그것이 대구에서 두산 위브 더 제니스와 쪽방의 참혹한 대비로 드러난다고 했을 때 그것이 그러면 '문화'하고는 무슨 관계가 있는 것인가? 앞에서 필자가 쪽방 거주인들의 고용 상태 도표를 제시한 것은 그러한 고용 상태가 도시 재개발이라고 불리는 젠트리피케이션(gentrification)과 무관하지 않기 때문이다. 쪽방 거주인들이 노동시장의 공식부문에서 차지하는 비중은 지극히 미미하지만 그들이 노동시장의 저임금 비공식부문으로 퇴출되는 것은 결국 자본과 개인의 사적인 이익을 위해 도시가 고급화되는 것이고 그 와중에 가난한 사람들은 점점 더 열악한 주거 형태의 공간으로 밀려나는 것이기 때문

16. 『슬럼, 지구를 뒤덮다』, 227쪽.

이다. 이것은 우리가 지난 번 용산사태에서 충분히 목격한 바이고, 쪽방은 자본주의 노동시장에서 밀리고 밀린 사람들, 철거민들이 마지막으로 퇴출되어 들어가는 공간이다. 마이크 데이비스는 이러한 현상을 두고 클리포드 기어츠가 말한 '퇴축'(involution)이란 개념을 사용하는데,[17] 이것은 한 사회가 점차 모래시계 사회로 변하면서 노동시장의 공식 부문 노동자 중에서 정규직이 비정규직화되고 그것도 안 될 경우에는 비공식경제 부문으로 밀려들어가 거기서 피 나는 하층 경쟁, 생존 경쟁을 벌이고 그것도 안 되는 사람들은 다시 또 비공식경제 안에서도 계층화되는 상태를 가리킨다. 마치 여울물이 회오리치듯이 밖에서 안으로 굽이쳐 흐르고, 혹은 바깥의 물결이 반복적으로 안의 물결을 안고 흐르며 유속이 강한 여울을 만들어 그 속으로 사람을 던져 넣어 죽게 만드는 형국이 바로 퇴축(in-volu-tion)이다. 몽골의 슬럼가처럼 사람들이 도시의 중심에서 도시의 주변으로 밀려 나고 정규직이 비정규직을 밀어 내며 두산 위브 더 제니스가 쪽방을 밀어 낸다. 좀 더 정확하게 말하면 두산 위브더 제니스가 도시 중심부를 차지하고 각종 고층 주상복합 아파트나 일반 분양 아파트들이 도시 안의 주요 공간들을 차지하면서 사람들이 쪽방, 슬럼가로 추방되는 것이다. 조세희 작가가 『난장이가 쏘아올린 작은 공』에서 이미 탁월하게 묘사했듯이 말이다.

---

17. 앞의 책, 233쪽.

앞으로 보게 되겠지만 문화연구에서 하위문화 연구의 문제는 영국의 1950년대 상황에서 보듯이 도시의 재개발과 깊게 관련되어 있다. 재개발과 젠트리피케이션 과정을 통해 새롭게 출현하고 변형되고 새롭게 배치되는 도시공간과 문화의 관계는 필연적일 수밖에 없으며, 이에 대한 연구와 규명은 또한 문화연구의 중요한 영역이다. 도시 미화 사업이든 도시 정비 사업이든 도시 재생 사업이든 이러한 도시의 젠트리피케이션 과정은 도시 안의 인구들을 공간적으로 그리고 계급적으로 분할 배치하는 것이고 거기서 인종, 계급, 세대의 이념이 어우러져 문화적 현상을 생성해 낸다.

3.
대구의
지리정치학

통계청 자료에 따르면 2008년 기준 대구의 인구는 247만 명이고, 경북의 인구는 약 270만 명이다. 최근 구미-김천-상주 통합으로 인구 70만 명 규모인 대구의 위성도시가 들어설 전망이다. 그런데 문제는 국가 국토 균형발전 전략에 따른 인구의 재배치가 아니다. 뒤에서 더 자세하게 밝히겠지만 대구가 메가급 도시는 아니지만 무엇보다도 도시 자체가 도심 재개발 사업으로 인하여 점점 더 양극화된다는 데에 문제가 있다. 사스키아 사센(Saskia Sassen), 마이크 데이비스(Mike Davis) 등은 이러한 도시의 양극화를 두고 '이중도시'(dual city)라고 규정한 바 있다.

2006년 대구시는 '도시주거환경정비계획'을 발표하면서, 도심 기능 확대 등을 이유로 대구 전역 273곳을 주택 재건축 재개발 사업, 주거환경개선 사업, 도시환경정비 사업을 통해 각종 개발사업을 할 수 있도록 예비구역지정을 하였다. 그러나 서민이나 도시 빈민의 주거권을 고려하지 않는 재개발 사업으로 인해 대구시도 사센 등이 말한 바의 이중도시로 변해 가고 있다. 그러한 이중도시의 모습은 앞의 글에서도 언급한 바 있지만, '두산 위브 더 제니스' 대 '쪽방'의 극명한 대비로 나타나고 있다. 고소득층 위주의 상업 및 주거 재활성화에 초점이 맞추어져 있는 재개발 사업으로 인해 대구에 공간적인 불평등이 생겨나고 있는 것이다.

최근 대구시가 의료복합단지 사업권을 얻으면서, 대구라는 공간은 고부가가치를 생산하는 경제 제 1 부문과 그 외의 제 3 부문으로 한층 더 양극화될 것이다. 이러한 흐름은 제조업의 쇠퇴와 서비스 경제로의 이행이라는 전반적인 경제의 흐름과 연결되어 대구라는 공간의 불평등을 더욱 조성하게 될 것이다. 특히 제조업의 쇠퇴와 더불어 비공식경제의 규모가 더 커지고 비정규법으로 인해 고용 기간의 단기화, 고용의 불안정화, 노동력의 저임금화가 가속화되면서 노동력 자체도 고임금 노동자와 저임금 노동자로 급격하게 양극화하고 있다. 1980년대 일본의 도쿄에서 창출된 새로운 직업의 반 이상이 시간제 또는 임시직이었던 것처럼 우리의 경우에도 88만원 세대라는 말처럼 저임금 직업이 양산되고 있다. 고소득층의 확대로 인한 고가의 주문서비스와 상품의 수요가 증가하는 반면, 1,000원 짜리 샵의 증가에서 보듯이 저소득층의 확대로 인한 초저가의 서비스와 상품의 수요도 증가하면서 소비에서도 양극화 현상이 뚜렷해지고 있다.

이동연은 다음과 같이 말한다.

1980년대 이후 아시아의 거대도시들은 유럽이나 북미의 도시들보다 더 글로벌하게 변하고 있다. 특히 고층 빌딩, 대형 쇼핑센터, 초현대적인 주거공간의 조성에서 아시아 개발도상국의 기획들은 현실의 조건들을 단숨에 극복하려는 글로벌화를 꿈꾼다. 세계에서 가장 높은 빌딩들은 이제 더는 미국에 존재하지 않는다. 세계 최고층 빌딩은 말레이시아 쿠알라룸푸르에 있고 세계 10대 고층 빌딩 중 8개가 아시아에 몰려 있다.[1]

이동연은 세계에서 가장 높은 10대 빌딩을 들고 있는데[2] 거기에 왜 72층 규모의 뱅크 오브 차이나 타워보다 높은 서울의 74층 높이의 타워팰리스(층수로는 66층)를 집어넣지 않았는지 모르겠지만, 이러한 빌딩의

---

1. 이동연, 『아시아 문화연구를 상상하기』, 그린비, 2006, 341-342쪽.
2. 앞의 책, 342쪽.

대형화 내지는 고층화라는 욕망은 대구에서도 마찬가지로 작동하고 있고 대구라는 공간을 이중도시화하는 데 결정적인 역할을 하고 있다.

그러나 아시아 거대 도시들은 세계화의 도전에 직면하여 자신의 형상을 너무 급속하게 변형시킨 나머지 도시가 이중화하는 결과를 야기했다. 도시 형상의 안과 밖이 크게 다르지 않은 유럽의 도시들과는 다르게 아시아의 도시들은 근대와 탈근대, 자연과 테크놀로지의 시간적 주름이 충분치 않은 바, 도시의 안과 밖에서 '시간의 차이'가 아닌 '공간의 차별'이라는 억압 구조를 낳는다. 끝없이 솟아 오른 빌딩이 배치된 도심의 순환에서 조금만 벗어나면 아시아의 거대 도시들은 끔찍한 슬럼과 불평등한 거주 양식들을 자명하게 드러낸다.[3]

이동연은 미국 서부의 개발주의에서 나타나는 도시의 이중화 현상을 지적한 마이크 데이비스의 견해를 따라 도시 속에 또 다른 도시가 존재하면서 도시의 안과 밖, 고급과 저급, 착취 공간과 피착취 공간의 경계가 지금보다 더 분명해지는 비대칭성의 성격을 '공간의 이중도시화'로 규정한다. 그러면서 아시아 거대 도시 중 이중도시화를 가장 적나라하게 드러낸 도시로서 베이징을 든다.

---

3. 앞의 책, 343쪽.

베이징은 적어도 일환(一煥: 베이징 시의 가장 중심 지역을 일컫는 말로, 베이징의 지역은 중심을 기점으로 해서 1환에서 4환으로 구획되어 있다고 한다) 지역만 놓고 보면 21세기 하이브리드 메트로폴리탄을 꿈꾸는 초현대식 고층빌딩의 장막이 드리워져 있으면서도, 그 장막을 거둬 보면 곧 허름한 회색빛 골목과 키치적인 간판들, 쓰러질 것 같은 집들이 그리 멀지 않은 곳에 붙어 있다.[4]

현재 글로벌한 도시에서 일어나고 있는 이중도시화는 시간을 거슬러 중세도시화라는 새로운 면모를 함께 동반한다.

신자유주의 시대 거대 도시의 가장 큰 특성 중 하나가 도심의 양극화 현상이고 이로 인한 '중세 도시화'이다. 말하자면 소득의 극심한 불균등으로 거주지역들이 양극화되면서 전 지구는 생존 가능한 공간만 살아남고 나머지는 황폐해버리는 '중세식 요새'로 변형될 것이라는 전망이 지배적이다. 마치 <토탈 리콜>, <저지 브래드>, <로보캅>과 같은 SF 영화에서 볼 수 있듯이 최첨단의 테크놀로지 도시공간과 지하의 어둡고, 습하고, 쓰레기 더미의 황폐한 공간으로 양극화되는 것이 도시의 중세적 요새화 현상이라고 할 수 있다.[5]

---

4. 앞의 책, 345쪽.

그런가하면, 프랑스의 문화연구자 미셸 드 세르토는 현대 도시의 형상을 개념도시와 보행도시로 구분하는데, 이 역시 이중도시화를 설명하는 중요한 틀이다. 개념도시는 멀리서 도시를 파노라마적으로 훔쳐보는 자들의 것이고 도시계획자들이 기획하고 관리하는 원형감옥적인 공간을 의미한다. 말하자면 최첨단 고층빌딩에서 도시 전체를 내려다 볼 때 하나의 추상적이고 단일한 현상으로 각인된 도시를 말한다. 반면 위에서 아래로 내려다보는 도시의 상이 아니라 도시의 곳곳을 걸어 다니며 초고층 빌딩에서는 발견할 수 없는 도시의 생생한 실재성이 감지되는 것이 보행도시다. 도시가 하나의 스펙터클한 이미지로 다가오는 것은 주로 초고층 빌딩 탓이지만 일반 대중들은 초고층 빌딩 숲 사이에 존재하는 보행도시에서 구체적인 삶을 살아간다.

기 드보르가 스펙터클을 가리켜 맑스가 말한 바의 어마어마한 상품들의 집적 상태, 교환가치가 세상을 지배해버린 상태라고 표현했듯이 스펙터클의 위용을 자랑하는 초고층 빌딩들은 일반 대중들이 접근할 수 없는 공간이다. 서울의 타워팰리스 건물로 둘러싸인 공간에는 반트(VANT)라고 하는 초부자들만의 트랙 경기장이 존재한다. 이 공간 안에서 트랙을 따라 운동하는 사람들을 옆 대림빌딩 건물에서 훔쳐볼 수는 있지만 그 경기장 공간 안에 들어가는 것은 불가능하다. 이동연이 도시

---

5. 앞의 책, 350-351쪽.

의 중세적 요새화라고 말했듯이 반트, 타워팰리스 건물은 그야말로 현대판 성곽이기 때문이다. 개념도시에는 착취의 흔적이 사라져 있다. 개념도시가 스펙터클한 빌딩으로 가득찬 공간인 것은 그 때문이다. 다시 말해 착취를 스펙터클로 바꿔치기한 것이 개념도시라는 말이다. 그래서 개념도시에 접근할 수 없는 일반 대중에게는 개념도시란 그저 눈요기 감으로만 존재한다. 1,000억 이상의 재산이 있어야 재산을 가졌다고 생각하는 사람들이 자기들만의 요새 안에서 살아가는 타워팰리스 같은 개념도시는 일종의 랑그(langue)에 해당한다. 그에 반해 초현대적인 빌딩 숲 이면에 감추어진 허름한 골목과 페인트가 벗겨진 건물들로 가득 찬 보행도시는 일종의 파롤(parole)에 해당한다. 사람들은 파롤에서 랑그로 가려는 욕망에 사로잡혀 있지만 랑그에 근접하지도 못한다. 보행도시에 사는 사람들은 골목길을 걸어 다니면서 살아가지만 개념도시 앞에 서는 순간 더 이상 걸어 다니지 못한다. 개념도시는 그저 눈요기 감이고 조망하는 스펙터클이기에 걸어 다니는 것이 순간 금지되는 것이다. 일종의 보행 금지다. 이렇게 보행 금지 당한 일반 대중들은 자기들의 파롤을 따라 구차하고 변변치 못한 삶을 살아간다.

세르토의 표현을 빌려 말한다면, 오늘날 전 지구적 차원에서 그와 동시에 한국이라는 국민국가 차원에서, 또한 대구라는 한 지역의 도시에서 공간의 이중도시화는 개념도시와 보행도시의 모순 내지는 양극화로 표현할 수 있다. 도시 하나가 개념도시와 보행도시로 양극화한다는 말이다. 이 때 보행도시는 개념도시 안에 존재하는 빌딩 숲에 가려져 보이지 않는다. 따라서 어떤 의미에서 보행도시는 비가시적인 공간이다. 서울의 타워팰리스 옆에 포이동 266번지 빈민촌이 있지만 전자인 개념도시는 후자인 보행도시를 가리고 은폐한다. 비행기에서 내려다보면 비닐하우스밖에 안 보일지 모르겠지만 강남 세곡지구 비닐하우스 촌에는 빈민들이 존재한다.

『부동산 계급사회』의 저자 손낙구 씨에 따르면 강남 세곡 지구에 사는 사람의 21%가 비닐하우스, 판잣집, 움막에 살고 35%가 지하방에 산다. 스펙터클한 시선으로 멀리서 조망하면 비닐하우스, 타워팰리스, 개념도시 밖에 보이지 않겠지만 도시 빈민들의 다양한 주거 형태가 보행도시 안에 존재한다. 정부는 보행도시를 불도저로 밀어 버리고 보행도시를 개념도시화 하는 보금자리주택 정책을 펴겠다고 하지만 도시 빈민, 세입자의 주거권을 전혀 고려하지 않기 때문에 철거민만 양산하는 것이 현재의 도시 주택 정책이다.

대구라는 도시공간도 지금까지 말한 내용과 무관하지 않다. 대구는 행정적으로 보면 수성구, 북구, 중구, 남구, 동구, 달서구, 서구의 7개구로 나누어져 있지만, 지리정치학적으로 보면 신천을 중심으로 하여 뚜렷하게 계급적으로 나누어져 있다.

2009년 9월 15일 대구시의회 양명모 의원은 2007년 6월 대구시의회가 '지역 균형개발 지원에 관한 조례'를 제정해 시가 각종 투자 심사와 예산 편성 과정에서 지역 균형개발을 위한 시책을 펴도록 했지만 전혀 실천이 되지 않는다고 주장했다. 그는 "수성구와 달서구는 계획적인 개발이 이루어지고 주거환경이 쾌적하며 기반시설이 잘 갖춰져 있다"며 "특히 수성구는 서울의 강남 학군을 능가할 만큼 유명 사립고교가 밀집해 있는 등 교육 시설이 탁월하다"고 말했다. 또 이 곳은 지하철 노선이 몰려 있으며 공원과 녹지, 도서관이나 문화회관을 비롯한 각종 사회복지 시설도 집중되어 있다고 덧붙였다. 동구도 최근 혁신도시와 첨단의료복지단지, 아시아폴리스 등이 집중적으로 들어서며 개발붐을 타고 있는 지역이나, 남구와 서구, 중구, 북구 등은 낙후지역으로 분류돼 시가지가 자연발생적으로 형성돼 있으며 주거환경과 기반시설이 좋지 않아 집값이 매우 낮다고 지적했다. 양명모 의원은 개발이라는 측면에서 대구를 수성구와 달서구 및 동구 대 남구, 서구, 중구, 북구로 나누고 뒤의 4개구 지역을 낙후 지역으로 표현하는데, 이것을 달리 말하면 대구라는 도시공간은 뚜렷하게 양분되어 있다고 할 수 있다. 양명모 의원이 말한 바처럼, 대구의 지역별 불균형이란 결국 대구라는 도시공간이 두 개의 계급적인 공간으로 나누어져 있다는 뜻이다.

A

북구　　　동구

서구　중구

남구

달서구　　수성구

달성군

신천

* 대구라는 도시공간은 빈곤선이라 할 수 있는 A와 신천이 만나는 지점
의 위쪽과 아래쪽으로, 그리고 신천을 중심으로 동과 서로 계급적으로
양분되어 있다. 서북쪽으로 수렴되는 공간이 빈민계층 거주 공간이다.

앞의 지도에서 보듯이 대구를 가로지르는 신천을 중심으로 하여 흡사 서울의 강남과 강북처럼 대구라는 공간 역시 지리적-계급적으로 양분되어 있다. 서북 지역이 대구라는 공간 중에서 저임금 노동력이 존재하는 제 3 부문이고 성서 공단에 출근하는 노동자들은 수성구에 거주하는 것이 아니라 북구 비산동 지역에 주로 거주하고 있다. 북구는 대표적으로 블루칼라의 거주 공간으로서 문화적으로나 교육적으로 도시 빈민, 노동자계급의 재생산이 이루어지는 곳이다. 그러나 동남쪽에 위치한 수성구는 교육적으로 강남에 비견될 정도의 부르주아 계급 재생산이 이루어지는 화이트칼라의 거주 공간이다. 뒤 소절에서 더 자세하게 보게 되

겠지만 북구, 서구, 중구 등에 쪽방이 대거 존재하는 데 반해 신천 동쪽 내지는 신천을 따라 아래쪽으로 내려오면 고층빌딩이 존재하는 모습은 공간의 이중도시화 현상에 어울리는 것이다. 또한 중심 안에도 주변이 존재하고, 같은 서구라고 해도 아파트 밀집 지역과 빈곤층 거주 지역이 혼재하는 것이 대구만이 아니라 한국사회의 일반적인 주거 공간의 모습 이긴 하지만 그러한 혼성적인 공간 자체가 이미 이중도시의 성격을 드 러내고 있다고 말할 수 있다.

현재 전국적으로 판잣집, 움막, 동굴 등 열악한 주거환경에서 생활 하고 있는 사람은 11만 명에 달한다. 통계청이 민주노동당 심상정 의원 에게 제출한 국정감사자료에 따르면 사람이 사는 판잣집, 비닐집, 움막은 총 2만2호로 2만3,000여 가구 5만7,000여 명이 살고 있는 것으로 조사됐다. 또 동굴, 건설공사장 임시막사, 업소 내 잠만 자는 방과 같은 거주공간에도 총 2만2,000여 가구 5만3,000여 명이 살고 있는 것으로 나타났다. 이것은 통계청이 2005년 인구주택총조사를 실시하면서 '주택의 요건을 갖추지 못한 거주공간'을 조사한 결과다. 이 중 판잣집, 움막, 동굴 등 비정상적인 거주공간은 오피스텔, 호텔·여관 등 숙박업소 객실, 기숙사 및 특수사회시설 항목을 제외한 '기타' 항목에 포함됐다. 지역별로는 11만 명 가운데 40%인 4만3,825 명이 경기도에, 20%인 2만1,313 명이 서울에 거주하는 것으로 나타나 전체의 62%에 해당하는 6만7,988 명이 인천을 포함한 수도권에 살고 있는 것으로 조사됐다.

앞서 인용한 손낙구씨에 따르면 아파트 100만 호가 남아도는 상황에서 국민의 40%가 집이 없어 전전하고 있다. 대한민국의 전 국민을 1계급-6계급으로 나누는 손낙구씨에 따르면 대한민국에서 6계급은 판잣집, 비닐집, 움막, 업소의 잠만 자는 방, 건설 현장의 임시 막사, 동굴 및 지하방, 옥탑방 등에서 사는 주거 극빈층을 가리키는데, 2005년 말 현재 전체 가구의 4.3%(68만 가구)로 인구수로는 162만 명이 그렇게 살고 있다.

이러한 사정은 대구에서도 별반 다르지 않다. 2008년 대구쪽방상담소 등이 주최한 <대구지역 주거 빈곤 실태조사 및 토론회> 자료집을 보면 가령 대구 남구의 주택 소유 현황은 다음과 같다.

<주택의 점유 형태>

구 분	빈 도	비율(%)
자 가	92	18.4
전 세	119	23.8
보증금 있는 월세	118	23.6
보증금 없는 월세(사글세 포함)	121	24.2
무 상(부모, 친지집 등에 거주)	39	7.8
기 타	11	2.2
합 계	500	100

그렇다면 이렇게 공간의 이중도시화가 가시적으로 진행되고 있는 대구에서 문화는 어떻게 드러나는가? 이것은 문화를 어떻게 규정하는가에 달려 있는 문제이다. 여기서 말하는 문화는 자본주의적인 소비문화라고 할 때의 '문화'이거나 문화적인 향수라고 할 때의 '문화'를 가리키지 않는다. 물론 대구는 신천을 중심으로 하여 소비 수준에서 큰 차이를 보인다. 신천을 지나가는 수성교, 대봉교, 중동교 등을 중심으로 하여 공간을 생각해 보면 신천의 동쪽 지구와 서쪽 지구의 소비 수준은 큰 격차를 보이고 있다.

여기서 말하는 문화는 정치적인 문제를 가리킨다. 지리적인 것 안에 정치적인 것이 포함되어 있듯이 문화는 권력과 이데올로기가 경합을 벌이는 장소이자 투쟁의 장소이다. 그러나 그렇다고 해서 문화가 정치학으로 환원되는 것은 아니다. 신천의 동쪽과 서쪽이 주거 형태, 소비 형태, 임금 수준 등에서 다르다고 하지만 그것들만 가지고 신천 동쪽과 서쪽 지구 사람들의 이데올로기나 권력 문제를 나누어 볼 수는 없다. 어떤 면에서 보자면 신천 동쪽이든 서쪽이든 자본주의적인 소비문화에 길들여져 있는 것은 매한가지일 수 있고 신천 동쪽에 사는 사람들만 보수적인 조선일보를 보는 것은 아니기 때문이다. 필자도 스튜어트 홀처럼 순수하고 진정한 단일공동체로서의 '하나의 노동계급'이 존재한다고 생각하지는 않는다. 오히려 한국사회에서는 노동계급이 중산층으로 편입하려는 욕망이 강하다고 볼 수 있다. 경제 공황으로 인하여 그러한 욕망이 실현되기는 어렵고 대구라는 지리적인 공간이 계급적으로 분할되어 있지만 그 공간 안에서 실제로 살고 있는 사람들의 욕망은 철저하게 왜곡되어 있다. 신천의 북구라는 지역에 밀집되어 있는 사람들이 노동자계급의 신분으로 살아가지만 그들의 계급의식은 예의 그 왜곡된 욕망에 의해 다시 한 번 더 왜곡되어 있다. 노동자계급의 계급의식이 존재하지 않는다는 말이다. 게다가 교육 문제가 모든 문제들과 모순들을 빨아들여 무화시키는 블랙홀로 존재하는 한국사회에서 계급의식이 자명하게 존재할 수는 없다. 계급의식이 교육 문제로 인해 왜곡되고 있다는 말이다.

어떤 면에서 대구에는 문화가 없다고 말할 수도 있다. 대구에 문화가 있다면 국가와 자본 주도의 문화가 주로 존재한다고 할 수 있다. 대구문화창조발전소는 문화산업의 측면에서만 문화를 바라보고 지자체 주도의 각종 대구시 문화적 리모델링 프로젝트는 국가의 관점에서만 문화를 바라보는 것이다. 대구시 동구 신서지구에 들어서게 될 첨단의료복합단지는 국토 개발과 연관된 국가 주도형 발전 전략이다. 이러한 국가와 자본 주도의 문화가 대구라는 공간의 이중도시화를 해결할 수는 없다. 문화가 국가와 자본 주도의 대상으로 남아 있는 한, 이중도시의 문제는 개발욕망을 부추기면서 더욱 심화될 뿐이다. 한 편에는 소위 관 주도의 '문화'가 과잉되어 있고, 다른 한 편으로는 전적으로 문화가 결핍되어 있다고 보여진다. 앞으로 다룰 문제이지만 '하위문화'의 경우에 있어서도 마찬가지다. 대구에는 하위문화(subculture)가 존재하지 않는다. 다양한 형태의 언더문화(underculture)는 존재하지만 영국의 1950년대 런던 동부의 재개발과 연관된 하위문화와 같은 라이프스타일은 존재하지 않는다.

제임스 프록터는,

홀에게 문화연구는, 주변적 혹은 종속적인 하위집단들이 지배집단에게서 어떻게 자신들의 문화적 공간을 지켜 내고 쟁취해 내는지를 고찰하기 위해 주어진 매 순간 사회 안에 존재하는 권력 관계들을 들추어내는 일과 관계한다.6)

고 말한 적이 있지만 대구 혹은 더 넓게 한국사회에 종속적인 하위집단들의 라이프스타일이 존재하는 것인지 확실하지 않다. 도시 외곽으로 밀려나는 도시 빈민이나 지리정치적으로 대구의 북쪽 지역에 밀집한 노동자계급은 제임스 프록터의 말대로 주변적이고 종속적인 하위집단들이지만 그들에게는 프록터가 말한 대로 '지배집단에게서 자신들의 문화적인 공간을 지켜 내고 쟁취해 내'기는커녕 자신들의 문화적 공간이 왜 어떻게 박탈되어 있는지에 대한 인식조차 없는 것으로 보인다. 적어도 문화향수의 차원에서 엄청난 문화적 양극화가 벌어져 있는 대구라는 지리정치적인 공간 안에서 국가와 자본 중심으로 이루어지는 시혜적인 문화쿠폰제도도 필요할지 모르겠다. 그러나 그것보다 더 중요한 것은 노동자계급들의 문화적 권리가 왜 박탈되었는지, 대구만이 아니라 한국사회에는 영국식의 하위문화적인 라이프스타일이 왜 존재하지 않는 것인지 그리고 그 의미는 무엇인지를 살펴보는 일이다. 스튜어트 홀의 문화연구가 주변적인 하위집단들이 지배집단으로부터 어떻게 자신들의 공간을 지켜 내는지 살피고자 사회 안에 존재하는 권력 관계들을 들추어내는 것이듯이, 노동자계급에게 그들의 정체성을 담보해 줄 문화적인 권리를 돌려주기 위해 사회 안에 존재하는 권력 관계들을 들추어내는 것은 대구에서도 필요한 작업이라는 말이다. 노동자계급의 문화 내지는 노동자계급의

6. 제임스 프록터, 『스튜어트 지금』, 손유경 옮김, 앨피, 2006, 24쪽.

정체성을 담보해 줄 문화는 필요하고, 문화가 과잉과 결핍으로 양극화되어 있는 대구의 현실은 극복되어야 할 과제이며, 자본주의적인 소비문화와 왜곡된 교육문화가 대구라는 도시공간을 지배하는 현실 또한 지양되어야 할 것이다.

4.
대구 경북 지역의 문화지형

대구 경북 지역에도 문화지형이 그려지고 있다. 군사독재 정권 시절 국가 주도의 새마을 운동 및 자유총연맹 같은 관변단체 외에 존재하지 않았던 곳에 정치의 민주화가 진행되면서 대구 경북 지역에도 많은 시민단체들이 생겨났다. 대구 참여연대, 대구 경실련, 대구 환경연합, 대구시민단체 연대회의, 대구 민예총 등 대구 경북에는 범주 별로 수십 개의 시민단체들이 존재한다. 비교적 최근에는 우리복지 시민연합, 대구 쪽방 상담소 등이 생겨났다. 이러한 시민단체들은 비정부조직(NGO)이라고 할 수 있다. 아래로부터 자발적으로 생겨나는 이러한 비정부조직과 달리 국가나 지자체 중심의 비정부조직도 있다. 대구에 존재하는 청소년 쉼터나 청소년폭력 상담 센터 등은 국가 주도의 비정부조직이라고 말할 수 있다.

또 다른 흐름은 2009년 성상희 변호사를 중심으로 대구시민센터가 생겼는데 이것은 각자의 전문영역에서 기존의 사회비판을 담당하던 비정부조직과 달리 비영리조직(NPO)이라고 할 수 있다. 대구 대연동의 '감나무 골'도 그러한 비영리조직에 속한다. 이렇게 아래로부터 생겨나는 비영리조직들과 달리 국가 주도의 비영리조직도 존재한다. 노무현 정부 때 구상된 '사회적 기업'(social enterprises)이 그 한 가지 예로서 대구에서는 삼천리 자전거 사업, 신천 개발 사업 등이 그것이다.

기존의 제도권 정당 외에 위와 아래로부터 생겨나는 이러한 비정부조직이나 비영리조직이 직접 대구 경북의 문화지형을 구성하는 것은 아니다. 물론 비정부조직보다는 비영리조직이 문화지형도에 더 친근성을 보이는 것은 사실이지만 대구 경북의 문화지형도에서 주목할 만한 것들은 바로 '풀뿌리 민주주의'의 흐름과 연관된 것들이다. 가령 대구 환경운동연합 운영위원장을 맡았던 문창식씨가 경북 군위에 세운 '간디문화센터'는 기존의 시민운동이 풀뿌리 민주주의 운동으로 넘어가고 있다는 것을 보여주는 하나의 사례다.

이러한 시민운동 차원의 운동, 풀뿌리 민주주의 차원의 새로운 흐름 말고 대구 경북 지방에는 노동자 중심의 운동 단체들이 있다. 비정규 공대위, 인권연대, 민중행동, 성서노조, 공무원노조 등이 그러한 것들이 다. 이러한 노동자 중심의 운동 단체들의 경우에도 비산동에 뿌리를 내리고 있는 '희년공부방' 등 노동자 중심 운동 성향의 풀뿌리 단체들이 존재한다. 노동자 중심의 운동 단체들은 시민운동 및 풀뿌리 민주주의와 달리 국가와 자본으로부터 일정한 거리를 두고 대구 경북 지역에서 최근 새로운 운동의 흐름을 형성하려고 고민 중이다.

이러한 흐름들을 일단 도표화시켜 보면 다음과 같다.(도표 1)

뒤의 <도표 1>은 버텀업(bottom up) 형식의 문화지형이다. 다시 말해 국가와 자본 주도의 톱다운(top down) 형식의 문화지형과 달리 시민들의 자발성에 바탕을 둔 문화의 흐름을 가리키는 것이 뒤의 도표이다. 청소년쉼터, 청소년폭력센터, 사회적 기업, 대구문화창조발전소 등처럼 국가와 지자체 주도의 흐름은 톱다운 형식의 흐름이다.

대구 경북에 존재하는 버텀업 형식의 문화적 흐름은 최근 전국적인 현상이기도 하고 가까운 일본이나 유럽, 미국에서도 유행처럼 확산되고 있는 분위기에 있다. 그러나 이러한 흐름은 국가와 자본, 그리고 시장으로부터 자유롭지 못하다는 한계를 갖고 있으며 뒤 도표에 나타난 선들은 위에서 아래까지 혹은 아래로부터 위까지 직접적으로 혹은 간접적으로 서로 연결되어 있다는 것을 나타낸다.

<도표 1>

```
┌──────────┐           ┌──────────┐
│   국가   │───────────│   자본   │
└──────────┘     │     └──────────┘
      │          │           │
      │    ┌──────────┐ ┌──────────┐
      └────│   정당   │─│  지자체  │
           └──────────┘ └──────────┘
                 │           │
           ┌──────────────────┐
           │   NGO/NPO/CSO    │
           └──────────────────┘
                    │
        ┌────────────────────────┐
        │     풀뿌리 민주주의     │
        └────────────────────────┘
                    │
┌─────────────────────────────────────────────┐
│ 수성주민광장     버스종점이 있는 마을   동구 어린이 도서관 '아띠' │
│ 칠곡 방과 후 학교  동구 화정 작은 도서관   동구 지묘동 한들마을도서관 │
│ 가락 스튜디오      감나무 골   YMCA   우리세상        │
└─────────────────────────────────────────────┘
```

* CSO: 시민사회조직

　이와 달리 노동자 중심의 운동 단체들은 자발적으로 생겨나는 세력보다 열세에 있고 위의 도표에 나타난 문화적인 흐름처럼 중산층 중심의 운동이 아니라는 점과, 국가, 자본 그리고 시장으로부터 일정 정도 거리를 두려고 한다는 점, 그리고 중산층보다는 노동자·빈민·이주노동자 중심의 운동이라는 점에서 다르다고 할 수 있다. 물론 노동자 중심의 운동이라고 해도 이주노동의 경우에는 시민사회 영역의 운동 흐름과 서로 겹쳐질 가능성도 배제할 수 없다.

<도표 2>

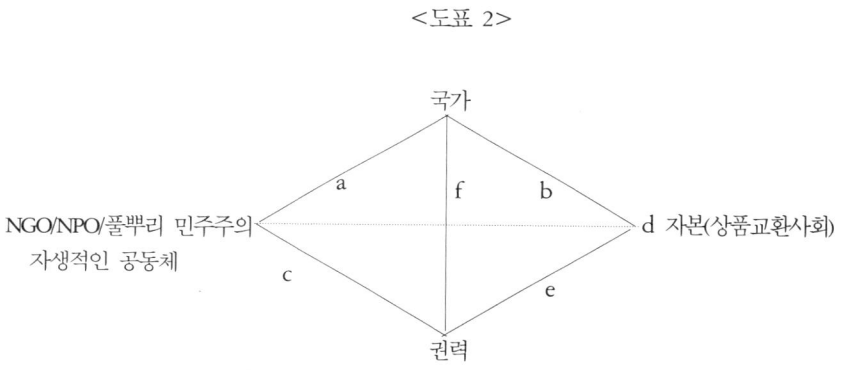

위의 <도표 2>는 시민사회 영역이 국가, 권력, 자본으로부터 자유롭지 못하다는 것을 나타낸다. 도표에 나타난 선들은 시민사회 영역이 국가, 권력, 자본과 일정한 관계를 갖고 있다는 것을 나타낸다.

이러한 측면을 대구 경북의 문화 영역에 적용해 보면 시민사회 영역이 국가라는 틀 안에 존재하고 그 한계를 벗어나지 못한 것처럼, 국가의 지원을 받아 지자체가 중심이 되어 움직이는 문화 활동이 문화정책이라는 이름으로 이루어져 왔다고 말할 수 있다. 또 다른 흐름은 국가의 지원 하에 자본과 결합하는 문화정책이 주종을 이루는 것이 현 단계 대

구 경북의 문화지형이라고 말할 수 있다.

2009년 대구광역시 중구청이 주최가 되어 실시한 <방천시장 프로
젝트>의 경우가 바로 그러한 경우에 해당한다. 방천시장의 빈 점포를
임대하여 작가들이 입주하여 작업하고 두 달 동안 작업실을 오픈하여
전시하는 복합형 예술 프로젝트로 출발한 이 사업은 방천 시장 상권을
활성화하고자 하는 목적으로 이루어졌는데 그 성과는 미미한 데 그치고
말았다. 실제로 빈 점포를 임대한 예술가들에게 예술가로서의 전문성에
대한 적절한 보상 없이 더 많은 사람들을 비정규직으로 고용하는 식과
같이 비정규직 예술가만 양산했을 따름이다. 이 프로젝트에는 건축, 판

화, 조각, 공예, 그라피티 등 분야별로 수십 명의 예술가들이 참여했지만 실제로 방천 프로젝트에서 들린 목소리는 국가 및 지자체 주도의 일회성 행사였다는 비판의 목소리였다.

2009년 서울의 예술의 전당 및 정치권 관계자가 대구문화재단에 내려오면서 촉발된 '왈츠의 도시' 프로젝트도 마찬가지다. 그 동안 대구시는 참여 정부 이후 국가의 지원을 받고자 문화를 전시성 행정의 수단으로 사용해 왔다. '칼라 풀 도시', '오페라의 도시', '연극의 도시' 등 국가 주도로 대구에 문화라는 옷을 입히려고 해 왔다. 그러나 시 예산만 낭비했고 그 성과는 거의 드러나지 않았다. 밑으로부터 올라오는 대구 시민들의 문화적인 욕구를 국가가 디자인, 연극, 오페라 등의 부문 내지는 장

르를 가지고 톱다운 방식으로 충족시키려 했던 의도가 애당초 시민들의 욕구 충족과 상충되는 일이었기 때문이다. 이러한 마당에 대구시는 대구의 문화를 독점하는 이익집단들의 주도 하에 다시 대구를 '왈츠의 도시'로 만들겠다는 비문화적인 발상을 하고 있는 것이다.

실제로 대구시 중구를 갈아엎고 있는 사업은 일종의 개발 사업에 지나지 않으며 대구 백화점 앞에 설치한 조형물을 가지고 공공디자인이라는 문화정책 사업이라고 한다면 이 또한 비문화적인 정책이라고 말할 수밖에 없다. 대구백화점 앞을 시멘트로 깔고 의자 몇 개 갖다 놓으면 외관상 청결해 보일지는 몰라도 그것을 문화라고 할 수는 없다. 문화란 무릇 문화만의 문제가 아니라 정치, 경제, 복지 문제 등이 통합적으로 결합된 것이기 때문에 도시 개발 사업을 두고 문화적인 것이라고 말하는 것은 어불 성설이다. 오히려 이 사업으로 노점상들이 생존권을 위협당했다. 봉산 문화회관의 경우에도 마찬가지다. 기존의 문화회관들이 문화접근성이 떨어진다는 지표를 만들어 봉산 문화회관을 지었는지 몰라도 봉산 문화회관으로 가는 길에 가로수를 심고 길을 포장했다고 해서 그것이 또한 문화적인 것이라고 말하기는 어렵다. 박정희 군사독재 정권 하에 이루어진 새마을운동에 따라 농촌 길에 신작로를 만들고 지붕을 개량했듯이 여전히 국가 주도의 사업이 이루어지면서 지난 시대와 별반 다름없는 개발 사업들이 문화라는 미명 하에 이루어지고 있는 것일 뿐이다. 새마을운동의 신작로가 포장도로로 바뀐 것 말고 대구에 무슨 문화의 바람이 불었는가?

이명박 정부 들어서서 문화체육관광부가 선정한 지역근대산업유산 활용 예술창작벨트 조성사업의 일환으로 마련된 심포지엄 <지역문화공간으로서 대구문화창조발전소의 역할>이 2009년 7월, 대구 구 KT&G 별관에서 열렸다. 이 심포지엄 또한 국가의 지원을 받아 지자체 대구시가 주관이 되어 열린 행사였다. 이 심포지엄에는 대구에서 활동하는 많은 문화예술인들이 대거 운집하여 이 프로젝트에 거는 대구문화예술인들의 기대와 관심이 매우 높음을 반영했다. 이 심포지엄의 기획발제 "대구문화창조발전소 기본계획 수립연구"는 대구문화창조발전소 TF팀 기획총괄인 이종호씨가 발표하고, 1주제 "대상지역을 비롯한 대구의 문화지형도 읽기"를 강성열 수성아트피아 관장과 오동욱 대경연구원 문화산업연구팀장이, 조준배 건축도시공간연구소 설계연구실 실장이 2주제인 "도심재생을 위한 통합계획과 거점 활성화 전략 및 역할"을 나누어 발제, 진행하였다. 그리고 이어진 지정질의와 종합토론에 강동진(경성대 도시공학과), 권문성(성균관대), 김정학(천마아트센터 총괄기획), 명승수(대구가톨릭대), 윤규홍(미술평론) 등이 나서서 토론과 질의를 주고받았다.

저녁까지 이어진 이 날 심포지엄은 전체적으로 약간 실망스럽게 다가왔다. 기대한 바와는 달리 전반적인 기조발제들이 논의의 핵심을 약간씩 비껴가거나 원칙적인 개론만 장황하게 늘어놓는 수준이었고 특히 논의의 초점이 건축이나 도시 조경에 많이 치우친 듯한 감이 들었다. 애초에 대구문화창조발전소 논의가 기반을 두고 있었던 대구의 근대산업유산 활용 취지는 다 어디로 갔는지 모를 일이었고 그 자리에서 대구의 지난 역사와 문화 관련 이야기는 단 한 꼭지에서도 들을 수 없었다. 대구의 역사와 문화를 그렇게 쉽게 추출, 분리해놓고 이야기할 수 있는 성격의 문제가 아니지 않던가 하는 의문이 들 수밖에 없었다. 심포지엄 발제의 공통기조는 소위 문화창조발전소의 활용문제를 문화지형학의 시각으로 파악하고 이를 통해 기본적인 활용방안들을 찾아보자는 이야기였는데 그렇게 설정된 문화창조발전소의 역할이 어떻게 구체적으로 적용 가능한지, 또 이후에 어떻게 그 역할이나 위상이 바뀌면서 미래의 대구도심에서 역할하고 발전해 나갈지에 대한 예측이나 비전 같은 것들은 빠져 있었다. 무엇보다도 이번 심포지엄 발제의 기본 전제가 기초예술의 진흥이나 장려보다는 여전히 문화산업의 흥행성 여부에 놓여져 있다는 인상을 강하게 받아 우려스러운 마음을 금할 수 없었다.[1]

이 심포지엄은 몇 년 전 대구시가 추진한 게임산업처럼 대구시를 문화산업화 하려는 정책에 의해 이루어진 것이었다. 심포지엄에서 나온 발제들에서 알 수 있듯이 이 심포지엄 또한 '개발'과 '문화'를 혼동하거나 무작위로 섞어 놓은 다음 <왈츠의 도시>에 이어 <문화산업의 도시>로 만들겠다는 개발사업의 일환으로 나온 것이다. 겉으로는 문화 창조를 이야기하지만 문화를 이용하여 개발하겠다는 이러한 발상은 마치 경산 지역에 종합대학이 몇 개 있다는 이유만으로 경산이 '교육도시'라는 허울을 입고 있는 것과 진배없는 일이다.

지자체 선거가 도입된 이후 대구 시민들은 몇 년간의 주기로 패션, 재즈, 오페라, 뮤지컬의 득세를 차례대로 목격중이다. 철마다 그 모든 것들이

---

1. 최창윤, "대구의문화창작, 관심은 산업흥행뿐인가?: [문화비평]대구문화창조발전소 심포지엄을 다녀와서", http://www.onjang.or.kr/news/article.html?no=421

대구의 향후 미래 산업을 지탱시켜줄 유일한 대안인 양 내세워졌고 찬양되었다. 수많은 이들이 이 관공서발 홍행대열에 앞뒤 가리지 않고 나섰다가 흥분했고 실망했고 차갑게 돌아섰다. 이제껏 지역의 문화예술인들에 대한 기본적인 관심과 현실개선을 위한 투자는 도외시한 채 타 지역의 관련분야 상업 기획업자들만 실컷 배불려주는 어리석은 짓거리를 몇 차례나 되풀이한 전력이 있지 않았던가. 모처럼 지역의 문화예술 기초발전에 크게 기여할지 모르는 절호의 기회일 수 있는 사안이고 보면 아무래도 조심스럽고 신중해야 할 것이다. 다시 한 번 강조하지만 기초문화예술 분야에 대한 투자에 있어 기본적 설계나 논의의 중요성은 아무리 강조해도 부족함이 없을 것이다. 그런 점에서 이 번 심포지엄은 구체적 논의와 비전 제시가 부재했다는 점에서 설득력을 가지지 못했고 현장에 큰 기대를 가지고 간 지역의 문화예술인들에게 얼마간의 미흡함과 아쉬움을 남겼다. 오히려 어쩌면 대구문화창조발전소를 정말 절실하게 필요로 하고 실제 창작을 행하는 이들의 구체적이고 현장감있는 여러 목소리를 들을 수 있는 자리였다면 어땠을까 하는 생각이 강하게 들었다.[2]

대구 민예총 최창윤 전 사무처장의 말에 따르면 최근 대구시가 대구문화창조발전소 프로젝트 외에도 현재 대구문화창작교류센터 프로젝

---

2. 앞의 글.

트까지 국고지원약속을 받아 부지선정 문제를 놓고 이견과 갈등을 빚고 있다는 이야기가 있다. 최창윤 사무처장은,

> 이것 또한 국고라고는 하지만 이 또한 국민들의 귀한 세금으로 조성된 기금이다. 혹여나 이러한 기금이 애초의 취지와 목적과는 달리 대구지역 문화예술의 기초마련과 발전에 초점이 맞춰지지 않고 몇 몇 이 곳 지역의 공공사업관련 건축업자들과 문화예술인을 자처하는 관변 브로커들의 이권에 휘둘리는 일이라도 생길까봐 무척이나 염려스럽다. 대구문화창조발전소에 거는 대구 문화예술인들의 기대가 자칫 큰 상처로 남을까 싶어 노파심에서 몇 자 적어본다.[3]

라고 말한다. 최창윤 사무처장의 이야기를 한 마디로 종합하면 대구시는 국가와 자본에 기대 대구 경북을 개발하고 거기에 문화라는 영역을 이용하기만 할 뿐이지 문화민주주의에는 전혀 관심을 가지지 않는다는 것이다. 대구 경북의 문화지형도에서 지배적인 위치를 점유하고 있는 국가와 자본 하의 제도들, 그리고 그 제도를 구현하고 있는 각종 단체나 집단들, 그리고 그것들이 시행하는 각종 문화라는 이름과 연관된 사업들은 자본의 지원 하에 국가 주도로 이루어지는 문화사업이 밑으로부터 올라

---

3. 앞의 글.

오는 풀뿌리 문화와 아무런 네트워크를 형성하지 못한 채 일방적으로 이루어지고 따라서 별다른 결실을 맺지 못한다는 한계를 드러낼 수밖에 없다.

이와 달리 2009년 9월 29일부터 10월 29일까지 치러진 제 8회 아웃도어전은 문화가 국가 및 지자체와 결합해 이루어진 관 주도의 문화 행사와 질적으로 다른 것이었다. 일종의 '거리예술'(Street Art) 개념 하에 대구시의 카페 골목을 중심으로 예술가들의 자발적인 힘으로 치러진 이러한 행사가 '문화'라는 이름에 걸맞은 것이라고 말할 수 있다.

대구 경북에는 이렇게 밑으로부터 올라오는 풀뿌리 문화가 상당한 속도로 형성되고 있다. 앞에서 말한 경북 군위의 <간디문화센터>도 그렇지만 지산동 범물동 주민 중심의 <버스종점이 있는 마을>, 범물동의 문화 공간인 <가락 스튜디오> 등 앞선 도표에서 제시한 풀뿌리 민주주의를 문화적으로 실현하려는 형태들의 움직임이 생겨나고 있다. 필자는 이러한 움직임을 '풀뿌리 문화'라고 지칭하고자 한다. 이러한 풀뿌리 문화들은 풀뿌리 민주주의의 문화적인 토대로 작용할 것으로 보인다. 따라서 이러한 풀뿌리 문화들과 풀뿌리 민주주의를 감당하고 있는 제 단체 및 시민들의 자발적인 조직들과 연결고리를 만드는 작업이 필요할 것으로 보인다.

<도표 3>

국가　자본　지자체 주도의 문화

풀뿌리 문화

　　필자는 이제까지 국가라는 틀 안의 시민운동과 그 조직, 그리고 이
것과 간접적으로 연결된 국가와 자본이라는 한계를 벗어나지 못한 국가
및 지자체 주도의 문화정책을 이야기하고, 이것에 대응하는 개념으로서
풀뿌리 민주주의와 풀뿌리 문화에 대해 이야기했다. 지금까지 대구 경북
의 문화지형을 이러한 관점에서 관찰해 온 까닭은 이러한 방식으로 먼
저 대구 경북의 문화지형도를 그려야 대구 경북의 문화지형도에서 누락
되거나 배제된 부분들을 찾을 수 있다는 생각 때문이었다.

　　대구 경북의 문화지형도를 고찰함에 있어서 무엇보다도 중요한 점
은 위로부터 아래로 하달되는 식의 국가 및 지자체 주도의 톱다운 문화
정책이나 국가라는 틀 안에 존재하는 시민사회 영역들에서 이루어지는
문화에는 공통적으로 '문화정치'라는 틀이 배제되어 있다는 것이다. 국

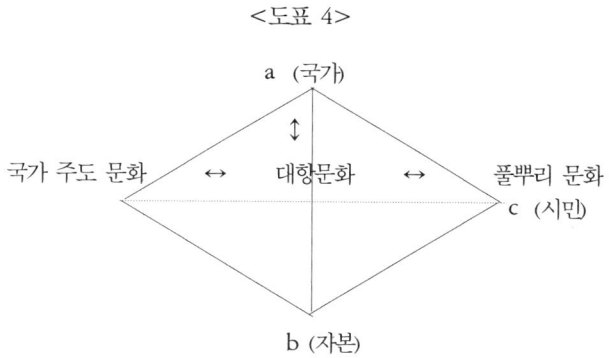

<도표 4>

a (국가)

국가 주도 문화 ↔ 대항문화 ↔ 풀뿌리 문화

c (시민)

b (자본)

가 주도든 시민사회 주도든 어떠한 경우든지 간에 대구 경북의 문화지
형도에 드러난 문화들은 '지배적인 문화'에 불과하다. 대중들의 시선에
서 벗어난 인디문화나 하위문화 혹은 노동자문화 같은 것은 지배적인
문화 형식에서 멀리 떨어져 있거나 누락되어 있고 심지어는 배제되어
있다고 말할 수 있다. 필자는 이러한 문화를 풀뿌리 문화와 구분하여
'대항문화'라고 부르고자 한다. 인디문화나 하위문화 혹은 노동자문화는
넓은 의미에서 대항문화라는 범주 안에 집어넣을 수 있는데 지금까지
이야기들이 국가와 자본의 존재를 전제로 한 것과 달리 대항문화는 국
가와 자본(주의)에 대한 헤게모니 문화라고도 말할 수 있을 것이다. 따라
서 <도표 3>은 위의 <도표 4>와 같이 변형되어야 대구 경북의 문화
지형도가 제대로 구성된다고 할 수 있을 것이다.

　　앞선 도표들을 종합적이고 입체적으로 통합할 수는 없지만, 결국 대구 경북의 문화지형은 국가주의적인 것인가 아니면 탈국가주의적인 것인가, 그리고 자본(주의)에 대해 어떠한 입장과 내용을 갖는가에 따라 지배문화 대 대항문화로 나누어 볼 수 있을 것이다. 문화는 정책의 대상이 아니라 정치적인 영역이기 때문에 국가와 자본의 지배적인 문화에 대해 일정한 입장을 가질 수밖에 없다. 문화에서 정치적인 것의 영역을 배제시키는 것은 살아 있는 문화를 화석화시키는 것에 다름 아니다. 최근 시민사회로부터 어소시에이션 사회로 이행하려는 이론적이고 실천적인 노력들이 나타나고 있다. 20세기 말에 생겨난 비영리 섹터에 주목한 레스터 살라몬(Lester Salamon)이나 폴 허스트(Paul Hirst)의 작업들이 그러한 예에 속한다. 그들이 말하는 사회적 기업 같은 문제는 이러한 문제의식 하에 생긴 것인데 이러한 개념이 우리의 경우에는 일자리 창출 사업으로 왜곡되면서 기존의 비정규직 문제를 더욱 심화시키는 데 기여하는 꼴이 생겨나고 있다. 이들의 작업과 어소시에이션의 여러 가지 전통들을 연결시키는 것이 본서의 내용은 아니기 때문에 다룰 수는 없지만 전 세계적인 흐름이 국민국가 안에서도 탈국가를 지향하는 경제적인 흐름이 나타나고 있기 때문에 대구 경북의 문화지형도에서 배제된 대항문화의 영역을 더욱 가시화하고 그것을 어소시에이션 문화(associational culture)로 발전시키는 것이 미래 문화의 방향이라는 점만 상기시키도록 하자.

5.
대구 경북 지역의
문화생태계

　　대구 경북에는 여러 가지 문화들이 뒤섞여 있다. 그 문화들이 어울려 대구 경북 지역의 생태계를 이루고 있는 셈이다. 어디나 그렇겠지만, 대구 경북 지역의 문화생태계에도 예외없이 동시에 존재하는 문화들 사이에 큰 편차 내지는 격차가 존재하는 것이 일반적이다. 생물들의 생태계에도 빨리 번식하는 종이 있고 느리게 번식하는 종이 있어서 같은 생태계 안에서도 시간적인 차이가 나는 것처럼 문화생태계에도 그와 같은 차이가 존재하는 것이 일반적이다. 1990년대 이후 한국사회에서는 소비자본주의가 전면적으로 부상하면서 상업문화가 주류의 위치를 차지하고 나머지 것들은 그 주변부로 밀려나게 되었다. 이 주류문화는 마치 생물 생태계 안의 빠르게 번식하는 종처럼 한국사회 문화지형을 거의 독점하였다.

이러한 문화생태계를 레이먼드 윌리엄스의 논의를 원용해 표현해보면 다음과 같이 말할 수 있다. 대구 경북 지역의 문화생태계 안에는 잔존문화/부상문화/지배문화가 공존하고 있다고 말할 수 있다. 레이먼드 윌리엄스는 지배문화를 가리켜 유력한 것 내지는 헤게모니적인 것이라고 말한다.[1] 그렇다면 여기에서 현재의 지배문화는 주류로서의 상업문화 내지는 소비문화라고 말할 수 있다. 이에 비해 잔존문화 혹은 잔여적인 것은 구시대적인 것이거나 지배적인 문화에 대해 대안적이거나 심지어는 반대 관계에 있는 것이다.[2]

윌리엄스는 조직화된 종교, 전원 공동체, 군주제 등을 잔존문화의 예로 드는데 그렇다면 예전부터 존재하는 전통문화, 마당극을 비롯한 7-80년대의 민중문화 등은 잔존문화에 속한다고 말할 수 있다. 이러한 잔존문화는 유력한 지배적인 문화와는 대개 상당한 거리가 있지만, 다른 측면에서는 지배문화 속으로 통합되기도 한다. 대구의 경우를 보면 대체로 자본주의적인 소비문화가 헤게모니를 잡고 있는 상황에서도 민족극

---

1. 레이먼드 윌리엄스, 『문학과 이념』, 이일환 역, 문학과지성사, 1982, 153쪽.
2. 앞의 책, 154쪽.

한마당 같은 것이 여전히 열리고 있고, 이것들은 자본주의적인 소비문화를 일정 부분 비판하는 기능을 하면서 지배문화 속에서 살아남기 위해 일정 부분 스스로를 변화시키기도 한다. 상업주의를 전면적으로 부정하지 못하는 현실과 타협하거나 지자체와 손을 잡고 행사를 벌이기도 한다. 잔존문화이기는 하지만 지배문화 속으로 통합되기도 하는 것이다. 레이먼드 윌리엄스는 문화의 이러한 복합성을 구성하는 요소들 중에서 세 번째로 부상문화를 예로 든다.

> <부상적인 것>이라는 말로써 내가 첫째로 뜻하고자 하는 바는 지속적으로 창출되고 있는 의미 체계·가치관 및 관례 그리고 새로운 관계 및 새로운 유의 관계이다. 그러나 지배적인 문화의 새로운 국면(그리고 이런 의미에서, 변종(變種)에 해당하는)에 지나지 않는 것과, 그 지배적 문화에 대해 실질적으로 대안적 내지 반대적 성향을 지닌—단순히 새롭기만 한 것이 아니라 엄밀한 의미에서 부상적인—것을 구별하기가 무척 어렵다.[3]

레이먼드 윌리엄스에 따르면 잔존문화 내지는 잔여적인 것과 부상문화 내지는 부상하는 것이 지배문화를 어떻게 규정하는지, 그리고 전자

---

3. 앞의 책, 155쪽.

두 가지가 지배문화와 어떤 관계를 가지는가에 따라서 현재의 문화의 장이 구성된다. 부상하는 문화라고 해서 새로운 측면이 있다고 해서 그것이 지배문화와 확연하게 구별되는 부상문화가 되는 것이 아니다. 그러한 부상문화는 지배문화의 변종일 수도 있다는 것이다. 그렇다면 1990 년대 이후 한국에서 등장한 신세대문화는 과연 부상문화인가? 이러한 규정이 가능하려면 신세대문화에 기존의 문화와 확연하게 구별되는 뭔가가 있어야 한다. 영국의 하위문화가 일정 부분 부모문화와 대립되는 측면이 있고 그것에 노동자계급이라는 일정한 계급적 측면이 있었던 것처럼 신세대문화가 그 이름값을 제대로 하려면 이러한 측면들이 신세대문화 안에 나타나야 한다. 그저 새로운 스타일만 들어 신세대문화를 부상문화로 규정할 수는 없고 X세대 등을 두고 새로운 측면이 있다고 해서 바로 신세대로 규정할 수도 없는 것이다.

물론 레이먼드 윌리엄스가 말하듯이 부상문화를 지배문화와 구별 짓는 것이 어려운 일이긴 하지만 신세대문화가 부상문화일 수 있으려면 지배문화에 대해 확실하게 대안적인 성격이나 반대의 것이 있어야 한다. 신세대문화는 오히려 어떤 측면에서 보면 지배문화의 변형태라고 볼 수도 있다. 소위 말하는 오렌지족을 두고 신세대라고 한다면 그것은 자본주의적인 소비문화에 통합된 것으로서 그런 경우의 신세대문화는 부상문화로 볼 수 없을 것이다. 이러한 측면에서 본다면 언더그라운드문화나 인디문화는 그것이 최근에 들어와 새롭게 나타난 것이고 지배문화와 일정한 거리를 둔다는 점에서 부상문화로 규정할 수 있는 측면이 있다. 또 다른 측면에서 최근에 대중문화 안에 나타난 걸 그룹의 경우도 그저 상업주의적인 소비문화의 형태일 뿐이지 그것이 대구—그리고 한국사회의—의 남성 위주의 문화에 대한 대안이 아닌 한, 겉으로 보면 새로운 현상이긴 하지만 부상문화일 수는 없다.

레이먼드 윌리엄스 식으로 더 엄밀하게 말하면 대구에는—그리고 한국사회에는—부상문화가 존재한다고 볼 수 없다. 형식적으로는 언더그라운드문화나 인디문화를 두고 부상문화에 대해 말할 수 있는 것처럼 여길지 모르지만 레이먼드 윌리엄스 식으로 말하면 하나의 계급, 즉 노동자계급의 부상에 따른 문화를 레이먼드 윌리엄스가 부상문화라고 규정하는 것이기 때문에 대구의 경우에는—그리고 한국사회의 경우에는—1980년대 말 노동자계급의 출현에도 불구하고 그에 걸맞은 문화 형식이 갖추어지지 않았기 때문에 노동자계급의 부상에 따른 부상문화의 출현을 인정하기 어렵다. 한 마디로 말해 영국의 하위문화 같은 것이 대구—그리고 한국사회—에 존재하지 않는다는 것이다. 레이먼드 윌리엄스는 "현실 속의 어떠한 생산 양식(따라서 어떠한 사회 질서)도 모든 인간적 실제와 에네르기와 의도를 다 포괄하거나 탕진할 수는 없다"[4]고 하면서 "어떠한 지배적 문화도 이 점에 있어서는 마찬가지"[5]

라고 말하지만, 우리의 경우에는 대안문화의 가능성이 희박하기 때문에 지배적인 문화의 독점력이 상당히 강하다고 말해야 할 것이다. 이점은 레이먼드 윌리엄스도 "지배적 질서가 전반적인 사회적이고 문화적인 작용 속에 효과적으로 침투해간 영역은 이렇게 해서 이제 상당히 더 넓어졌다"[6]라고 말하듯이 인정하는 바다. 물론 그렇다고 하더라도 레이먼드 윌리엄스가 말하듯이 지배적 양식이 인간적인 실제의 전 영역을 다 장악하는 것은 아니기 때문에 부상문화의 가능성은 언제나 열려 있다. 문제는 지배문화와 잔존문화에 대비되는 부상문화가 존재하는 것인지 그리고 그것을 위한 감정구조가 대구 사회 안에 정착되어 있는지 하는 것이다. 혹은 레이먼드 윌리엄스가 "지배적 문화가 어떠한 관점에서도 식별해낼 수 없는 실천 및 의미의 영역이 존재할 수 있다"[7]라고 말했듯이 그러한 실천 및 의미의 영역이 대구의 문화생태계 안에 존재하고 있느냐 하는 것이다. 대구의 문화생태계의 모습을 레이먼드 윌리엄스의 용법대로 그려보면 다음과 같다.

다음의 그림에서 잔존문화와 부상문화는 서로 대립하거나 갈등을 빚을 수 있다. 그리고 잔존문화와 부상문화는 지배문화에 대립하거나 통

4. 앞의 책, 157쪽.
5. 앞의 책, 같은 곳.
6. 앞의 책, 158쪽.
7. 앞의 책, 같은 곳.

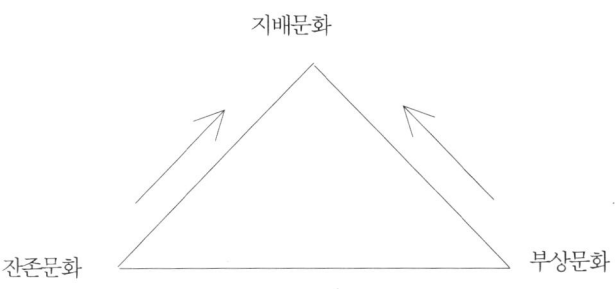

합되기도 한다. 지배문화가 인간적 실제 전체를 포괄하는 것은 아니지만 어떤 측면에서는 지배문화가 전 사회적 영역으로 침투한 탓에 문화 생태계 자체가 오염되어 있을 수 있다. 이러한 문화생태계의 파괴는 국가와 자본이 문화 영역을 침범하면서 더욱 가속화되는데 이러한 점은 대구의 경우에도 마찬가지다.

대구 경북 지역의 문화지형

필자가 대구 경북 지역의 '문화생태계'라는 말을 사용하고 레이먼드 윌리엄스의 문화론을 소개한 첫 번째 이유는 문화를 기존처럼 주류문화/비주류문화, 언더그라운드문화 및 인디문화, 소비문화 및 상업문화 식으로 표현하는 것보다 문화를 개념적으로 이해하고 정리하는 데더 효과적이라고 생각했기 때문이다. 그리고 두 번째 이유는 다음과 같다. 대구 경북 지역의 문화지형을 설명하는 다른 글에서 국가 주도의 문화, 어소시에이션 문화, 대항문화, 풀뿌리 문화 등에 대해 이야기했지만 이 때 말하는 문화는 삶의 양식을 포괄하는 넓은 의미의 문화를 가리킨다.

그러나 대구 경북의 문화생태계를 이야기할 때의 문화는 전자의 경우보다는 좁은 의미에서의 문화, 전자보다 더 구체적인 형태로서의 문화를 가리킨다. 삶의 양식으로서의 문화가 아니라 문화를 인디문화, 하위문화, 노동자문화 하는 식으로 나눠 본다는 것이다. 문화를 전자의 의미로 볼 때 인디문화, 하위문화, 노동자문화는 모두 대항문화로 규정했지만 여기서는 그것들을 부상문화로 규정해 보자. 왜냐하면 대항문화로 규정된 인디문화, 하위문화, 노동자문화가 지배문화에 대해 뚜렷한 대항운동으로 등장하지 않는 것이라면 그것들을 부상문화로 규정해 그 가능성을 점쳐 보는 것이 더 적실하다는 판단이 들기 때문이다. 이러한 난점은 언더그라운드문화를 상정할 경우에 더 잘 드러난다. 인디문화가 자본주의적인 지배문화의 생산 유통 방식을 거부하는 것이라면 언더그라운드문화는 거기에도 미치지 못하는 것인데, 이것을 대항문화로 규정하는 데에서 얻을 논리적인 이점은 별로 없다. 일괴암적인 자본주의적 소비문화 안에서 명맥을 유지해 나가는 수준의 문화들을 두고 대항문화라고 규정하기는 어렵기 때문에 그것들이 지배문화 안에서 부상문화로 대두할 가

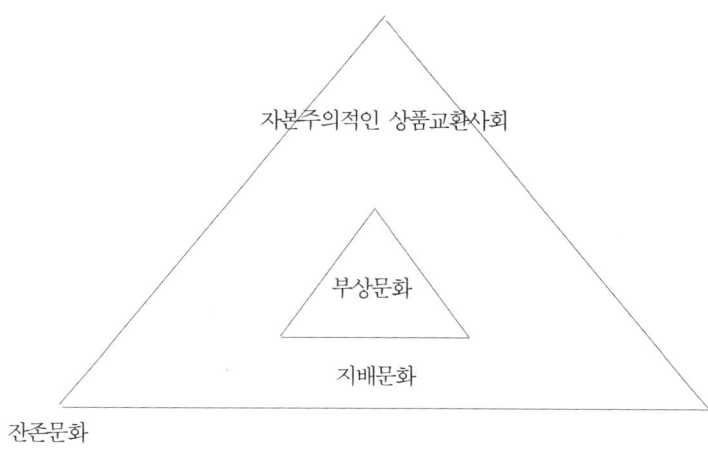

자본주의적인 상품교환사회

부상문화

지배문화

잔존문화

능성을 따져보자는 뜻에서 인디문화, 하위문화, 노동자문화, 언더그라운드문화, 신세대문화 등을 모두 부상문화 안에 위치시키고 그 안에서 다시 여러 문화들이 잔존하고 사라지거나 부상하는 복잡한 과정을 생각해보자는 것이다.

사실 따지고 보면 인디문화든 어떤 문화든 자본주의적인 생산 양식이 전제되었기 때문에 생긴 것이라고 말할 수 있다. 현재의 지배문화는 물론 자본주의적인 상품교환 사회 안에서 배태된 것이라고 볼 수 있다. 한 사회가 근대화되고 자본주의 사회로 변하기 이전에는 인디문화나 언더그라운드문화 같은 것이 존재하지 않았기 때문이다. 따라서 143쪽의 그림을 더 자세하게 그리면 위와 같이 그릴 수 있다. 한 사회의 자본주의화가 진척될수록 지배문화는 잔존문화를 더욱 더 배제할 것이고 부상문화는 지배문화를 전제로 나타날 수밖에 없는 문화라는 점을 고려해야 한다. 그러면 앞과 같이 그려볼 수 있다.

이러한 점을 염두에 두고 부상문화 안의 여러 가지 문화 형태를 생각해야 한다. 부상문화 안에서 가장 광범위하게 존재하는 것은 언더그라운드문화다. 지배문화=주류문화=상품소비문화=오버그라운드문화=대중문화에 대해 그 대립 쌍으로 존재하는 것이 부상문화=비주류문화라고 할 수 있다. 언더그라운드문화는 부상문화에 포함시킬 수 있지만 부상문화는 언더그라운드문화에 포함되지 않는다. 부상문화 안에는 언더그라운드문화, 인디문화, 하위문화, 노동자문화, 세대문화 등이 들어간다. 부상문화가 지배문화에 대해 대항적인 성격을 갖게 되면 그것을 대항문화로 부를 수 있고 노동자계급의 부상과 연관하여 노동자문화가 형성되면 노동자문화라고 부를 수 있을 것이다. 펑크 락이 언더그라운드문화에 속한다는 것은 문화를 더욱 더 세밀하게 나누어 볼 때의 문제다.

뒤의 표에서 눈여겨 볼 대목은 언더그라운드문화와 인디문화의 관계, 하위문화와 세대문화의 관계다. 먼저 언더그라운드문화와 인디문화의 관계는 무엇인가? 조금 더 구체적으로 말하면 인디뮤직, 인디밴드, 하드코어밴드 등 다양한 이름으로 등장하는 인디문화와 언더그라

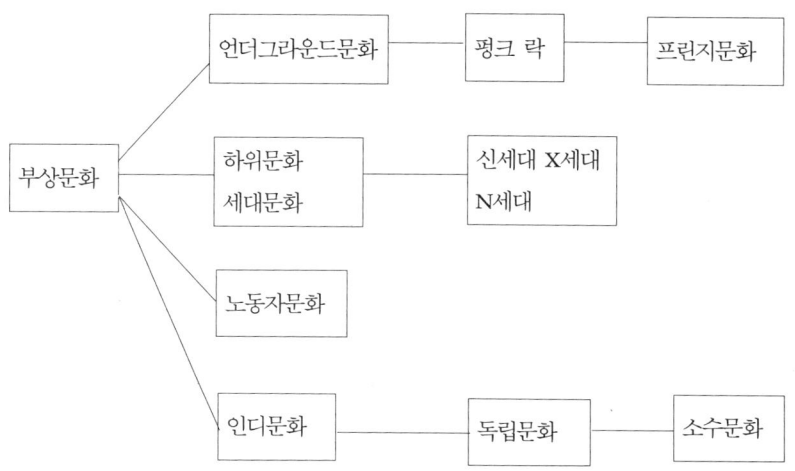

운드문화의 관계는 무엇인가? 대구 민예총의 배두호 기획국장은 다음과 같이 말한다.

언더그라운드음악이란 차별화된 입맛을 가진 소수층을 겨냥한 음악, 상업주의와 스타덤을 거부하거나 의식하지 않는 음악, 거대방송사와 자본의 권력에 연연치 않는 음악, 창작자의 의식과 태도가 보다 자유롭게 드러나는 음악 등으로 정의해 볼 수 있다. 이는 이들에게 주류문화나 대중매체에 연연치 않고 이들의 음악 자체에 미학적으로 접근을 하며 자유로이 실험하기 때문에 자본의 눈치를 봐야 하는 주류문화와는 다른 대안적인 노선과 방법을 가진다는 점에서 그 존재와 중요성을 가지고 있음이다. 덧붙여 언더그라운드 뮤직 중 인디펜던트 뮤직, 소위 말하는 인디음악이란 밴드가 기존의 상업적인 구조에서 탈피하여 자신들의 음악을 보다 더 자유롭게 표현하기 위해 시스템 자체를 자신들이 형성, 거대시스템으로 부터 독립하는 구조를 구축하는 것이다.[8]

배두호 기획국장은 인디뮤직을 언더그라운드 음악에 포함시키는데, 이 얘기는 다른 말로 하자면 전자가 후자보다 더 체계적이고 더 시스템 적이라는 뜻이다. 다시 말해 기존 주류 문화 혹은 오버그라운드문화나 대중문화처럼 방송자본이든 신문자본이든 대기업 자본이든 자본의 권력 으로부터 체계적 조직적으로 독립하여 별도의 시스템을 갖추어 문화의 생산과 유통을 체계적으로 운영하는 것이 인디문화라고 할 수 있다. 물 론 각종 엔터테인먼트가 문화자본을 형성하고 여기에 대기업까지 가세 해 문화자본을 형성하고 있는 우리의 경우에는 지배적인 문화에 비해 그 위세가 상당히 약할 수밖에 없다. 더 나아가 요즘엔 인디음악이 기존 음악과의 차별성을 잃어버리고 있다. 다시 말해 인디음악이 주류문화의 상업성과 만나 '인디상업주의'에 빠지고 있는 것이다. 배두호 기획국장 이 한국의 대중문화계에 순환구조가 존재하지 않는다고 말하는 것처럼 문화생태계가 거의 오염되어 있고 이것은 지역으로 갈수록 오염 상태가

---

8. 배두호, "인디(Indie)가 무엇이더냐: [문화비평] 젊은 음악인의 주장", http://www.onjang.or.kr/news/article.html?no=422

심각하다고 말할 수 있다.

　이동연은 언더그라운드문화를 다음과 같이 정의한다.

　언더그라운드문화는 주류문화에 대한 대항적 개념으로 공식문화의 장에 포함되지 않는 여타의 문화를 지칭한다. 언더문화는 두 가지 면에서 자신의 정체성을 갖는데, 하나는 주류문화의 공식적인 활동을 거부한다는 점과, 둘째는 공식문화 장르를 넘어서려는 일종의 '크로스오버적인' 실험 정신을 갖는다는 점이다. 서구에서 언더문화의 출현은 상업적 대중문화의 대량 확산이 가능했던 60년대 말부터이며 우리의 경우는 라이브 무대가 대중화되기 시작한 80년대 중반부터라고 할 수 있다.[9]

　이동연은 또한 언더문화와 인디문화의 차이에 대해 다음과 같이 정확하게 지적한다. 이동연에 따르면 인디문화는 애초에 할리우드의 영화산업에 반기를 들고 나타난 것이고, 할리우드에 반기를 든 예로서 '선댄스 영화제'를 들고 있다. 그리고 음악 분야에서는 영국의 펑크록 그룹인 '섹스피스톨즈'가 거대 레이블사인 EMI와의 음반계약을 놓고 벌인 싸움을 인디문화의 예로 들고 있다.

---

9. 이동연, 『대중문화연구와 문화비평』, 문화과학사, 2002, 334-335쪽. 독립문화, 얼터너티브문화에 대해서는 335-336쪽 참고.

인디문화는 그런 점에서 문화의 독점적 카르텔이나 메이저 제작사 중심의 배급시장에 편입하지 않고 자신들의 독립된 유통망을 만들어 문화적 검열이나 자본의 짐으로부터 벗어나려는 노력을 기울인다. 언더문화가 주류문화와 일정한 연결 관계들을 열어놓는다면, 인디문화는 문화의 생산과 유통, 분배 방식에 대한 독자적인 시장을 개척하려는 의미를 강하게 가지고 있다.[10]

---

10. 앞의 책, 335쪽.

6.

하위문화에 대한
두 가지 접근법

 딕 헵디지(Dick Hebdige)의 책 『하위문화』(*Subculture*)로 촉발된 '하위문화'에 대한 논의는 영국 버밍엄대학교 내에 설치된 현대문화연구소(CCCS) 제 2 세대 연구자들의 일련의 연구 성과와 직결되어 있다. 현재는 버밍엄 대학교에서 현대문화연구소가 해체되었지만 1969년 스튜어트 홀이 현대문화연구소 제 2대 소장으로 취임한 이후 현대문화연구소는 대중문화와 미디어 연구의 핵심적인 기관으로 성장했다. 1979년 리차드 존슨이 제 3대 소장으로 취임한 시기를 전후로 하여 현대문화연구소에서는 헵디지의 책을 비롯해 하위문화에 대한 네 가지 세미나 연구 작업물들이 나왔다. 스튜어트 홀과 토니 제퍼슨(Tony Jefferson)의 『의식을 통한 저항』, 게오프 멍햄(Geoff Mungham)과 게오프 피어슨(Geoff Pearson)의 『노동계급 청년문화』, 폴 윌리스(Paul Willis)의 『불손한 문화』가 그것이다. 이 외에도 현대문화연구소의 이론적인 작업 중에서 빼놓을 수 없는 것이 필 코헨(Phil Cohen)의 세미나 페이퍼인 「하위문화갈등과 노동계급 공동체사회」(1984)다. 특히 이 페이퍼는 오늘날 젠트리피케이션(gentrification, 주택의 고급화)이 절정에 이르고 있는 한국사회의 현실에 시사하는 바가 많은 글이다. 한국은 세계 경제 규모가 12위이라지만 그와 동시에 세계 12위의 슬럼 대국이기도 하다. 도시가 타워팰리스와 쪽방으로 양분되어 있는 한국사회의 모습은 반세기 전의 영국에서 그대로 발견할 수 있다.

앞에서 대구 경북의 청년문화를 이해하기 위한 전제조건으로서 도시의 재개발 이야기를 하였지만 필 코헨의 글은 다른 연구자들의 성과가 저서였던 것과 달리 페이퍼임에도 불구하고 구절구절마다 한국사회의 재개발 과정과 너무나도 유사한 이야기를 한다는 점에서 시시하는 바가 많다. 코헨은 1950년대 영국 런던의 대표적인 슬럼가인 이스트 엔드 지역의 재개발 과정을 이야기하고 있는데, 한국의 경우에도 이미 1970년대 후반부터 소위 '딱지'를 시작으로 개발의 열풍이 일기 시작했다. 이장호 감독이 1980년에 만든 영화 <바람불어 좋은

날>에는 이미 아파트 건설로 돈을 번 배추장사가 출현한다. 한국사회의 뜨거운 감자였던 얼마 전의 용산참사 사건은 코헨이 말하는 고사(枯死)정책의 결과였던 것이다. 코헨의 다음과 같은 말은 영국의 1950년대를 뛰어넘어 21세기의 한국사회에서도 그대로 발견할 수 있는 것이다.

이 지역에 대한 재개발이 시작되자, 토지 가치는 필연적으로 상승했고 임대 가치는 하락했다. 많은 가정들은 물론 대단위 노동력의 고용주였던 지방산업의 핵심적인 부분들이 다른 곳으로 옮겨가는 경향을 보였고 이들의 이주를 조장하는 경제적 유인이 있었다. 이 지역에 남아 있던 기존의 무너져 가는 자산들은 자산 투기꾼이나 라흐만(Rachman)과 같은 지주들이 싸게 구입했다. …재개발이 운이 좋아 새집에 살게 된(하지만 아직도 입주를 못하고 있는 사람도 수천 명이 된다) 사람들의 물질적 조건들을 개선하는 데 이바지했다는 점을 부정할 수는 없다. 그러나 비록 이러한 정책이 눈에 보이는 빈곤을 제거하는 데는 성공했는지 모르지만 많은 가정의 실제 경제환경은 전혀 개선되지 못했으며 집세경감 같은 정책에도 불구하고 저소득층은 더욱 빈곤해졌다.[1]

---

1. 코헨, 「하위문화 갈등과 노동계급 공동체사회」, 『문화/과학』 11호, 1997년 봄, 185쪽.

지역을 재개발해도 돈이 없으면 새 집에 들어가 살지 못하고 소위 원주민이 살던 공간은 이방인의 수중에 들어가게 되거나 투기꾼들은 엄청난 차익을 개발 지역에서 얻게 된다. 전통 동요에 '헌 집 줄게 새 집 다오'라는 노랫말이 있는 것은 우연이 아닌 것처럼 보인다. 헌 집을 줘도 새 집을 얻기는커녕 철거민의 딱지를 받고 개발 지역에서 쫓겨나기 때문이다. 게다가 한국사회에서는 재건축을 빌미로 한 재개발의 역사가 수십 년 동안 지속되고 있고 겉으로는 도시 및 주거환경 정비법 운운하지만 실제로는 젠트리피케이션의 과정을 통해 개발업자나 투기꾼들에게만 이득을 몰아주는 결과로 끝나고 만다.

기나긴 후방위 전투에도 불구하고 재단업, 가구업, 많은 서비스업과 선창 부근의 도매업과 같은 전통적인 산업들은 급속도로 쇠락하거나 완전히 몰락했다. 구멍가게가 사라져버린 것이 이 모든 과정을 상징한다. 구멍가게는 재개발로 인해 사라진 것이 아니고 보통 대기업들이 공동 소유하고 있는 대규모 슈퍼마켓에 의해 대체되었다. 재개발 지역에 장사할 자리가 마련된 구멍가게들도 있었지만, 흔히 이들은 높은 임대료를 지불할 형편이 되지 못했다. 노동력 구조도 점차 양극화되기 시작했다.[2]

---

2. 앞의 글, 187쪽.

코헨의 지적대로 1950년대 후반 영국에서 구멍가게가 사라지는 모습은 도시의 고급화가 진행되면서 그에 부수적으로 홈 플러스 등 대형 슈퍼마켓이 재개발 지역에 들어서고 있는 오늘날 한국사회의 모습과 동일하다. 코헨의 지적처럼 한국사회의 구멍가게들도 대기업들이 소유하고 있는 대규모 슈퍼마켓에 고객을 빼앗기기 때문에 임대료조차 지불하지 못해 파산할 위기에 처해 있다. 이러한 현실은 대구 경북이라고 해서 하등 다를 바가 없다.

필 코헨은 고사정책에 다음과 같은 메커니즘이 존재한다고 생각한다. 즉 이스트 엔드 지역이 재개발됨에 따라서 이 지역에 살고 있는 많은 빈민들은 다른 지역으로 이주하게 된다. 그리고 토지가격이 상승함으로써 노동력을 보유하던 지역 산업체들도 다른 곳으로 이주해 버리고 만다. 공공주택 공급 혜택에서 제외된 저임금 이주자 가정들은 이 재개발 지역으로 몰려들게 되고 원래부터 있었던 노동자계급 가정들은 부득불 타 지역으로 이주할 수밖에 없었다. 전통적인 가옥들이나 건물들도 매각되거나 개조되어 상업적이고 문화적인 도심에 쉽게 접근할 필요가 있는 새로운 중간 계급, 학생, 젊은 전문 직업인들에게 적합하게 만들어졌다. 그리하여 그 최종적인 결과는 그 지역의 장기거주자인 노동계급 가정들이 떠나게 되고 노동계급 가정들이 해체되었다는 것이다. 오늘날 대구 경북 지역에서도 이러한 일은 비일비재하게 일어나고 있다. 미구에 비산동 같은 지역처럼 노동계급이 대거 거주하는 공간도 젠트리피케이션의 과정을 거치면서 런던의 이스트 엔드 지역처럼 변화할 가능성이 높은 지역이다.

필 코헨은 도시 슬럼가에 대한 고사정책으로 인하여 두 가지 잘못된 결과가 나타났다고 지적한다.

밀집된 고층건물을 지으려는 계획의 첫 번째 효과는 거리, 지역의 선술집, 구멍가게들이 담당해 왔던 공동체적 공간 기능을 파괴하는 것이었다. …결국 이스트 엔드의 경관을 점차 지배하게 된 새로운 고층 건물들이 즐비한 거리에 살고 있는 사람들이 뼈저리게 느끼게 된 것은 새로운 환경이 가져다주는 물리적 소외, 인간에 대한 고려의 결핍, 완전한 비인격성이었다.[3]

코헨이 지적하는 대로 대구 경북을 포함한 한국사회의 경우에도 도심재개발 사업으로 인하여 공동체적 공간 기능이 빠르게 와해되고 있고 슬럼가의 구불구불한 골목길들이 쭉쭉 뻗은 거리로 변하면서 거리는 이제 그저 사람들이 걸어 다니는 통행로 구실만 하게 되었다. 예전 같으면 거리나 골목길은 이웃들이 돌보는 안전한 놀이공간이었지만 이제는 더

3. 앞의 글, 186쪽.

이상 골목길 근처에서 아이들을 돌보지 않는, 비공동체적인 공간으로 변질된 것이다. 코헨이 말하는 이스트 엔드 지역의 경관이 21세기 대구 경북의 재개발 지역에서도 반복되고 있다. 두 번째로 코헨은 재개발이 소위 처가살이(대가족 제도)를 파괴했다고 비판한다. 핵가족을 모델로 하는 새로운 주택이 공급됨으로써 결혼으로 인해 맺어진 가정들이 원래 가족들과 헤어져 살게 되고 가족 단위는 더 이상 광범위한 친족이나 이웃에 기댈 수 없게 되었다. 한국사회의 경우 결혼하게 되면 분가를 하는 것도 새로운 주택들이 핵가족을 모델로 하고 있기 때문이고 그 결과 부모의 곁을 떠나 따로 살 수밖에 없게 된다는 것이다. 물론 대구 경북의 경우 대가족 제도가 모두 파괴되었다고 볼 수는 없다. 그러나 이미 각 가족 단위가 친족이나 이웃에게 더 이상 기댈 수 있는 구조가 아니다. 재개발로 인해 이웃이나 친족의 어른이 아니라 가족 그 자체가 유일한 유대의 초점이 되고 있다. 예전 같으면 이전의 이웃이나 친족들이 광범위한 가족 주변으로 다양한 관계가 형성되어 육아 등의 가족 부담을 보상받을 수 있는 구조였지만 대가족 제도가 파괴되고 마구잡이 개발이 진행되면서 가정은 외부로부터 고립되고 내부로부터도 모순에 시달리게 되었고, 보상 구조의 소멸로 인해 코헨이 말하는 대로 가족 관계는 새로운 강도를 가지게 되었다. 코헨은 이러한 예로 집안일에 매인 주부의 고통의 강도를 든다. 그에 따르면 거리나 골목길이 공동체적 공간의 기능을 잃게 되고 그 기능이 가정 안으로 전가되어 가정만이 안전한 장소로 인식되었으며 그 속에서 아이들로부터 눈을 떼지 말아야 하는 일이 주부의 일거리로 등장하게 되었다는 것이다. 그리하여 "애들에게 묶이고 외부세계와 절연되었다고 느끼는 젊은 주부가 이따금씩 가장 가깝고 친한 남편에게 자신의 좌절을 쏟아 붓는 것은 놀라운 일이 아니"[4]라는 것이다. 코헨의 이러한 지적은 아파트 중심의 문화에서 살아가는 한국사회의 젊은 주부들에게도 비일비재하게 일어나고 있는 문제다. 1950년대의 영국과 달리 우리의 경우에는 살인적인 학원 열풍 탓도 있지만 가정이 외부와 철저하게 고립되어 있고 거리나 골목길에서 노는 아이들의 모습을 흔히 볼 수 없는데, 이것들도 코헨의 지적과 유사한 특징을 보이는 현상이다.

하위문화의 탄생

코헨은 1950년대 이후 영국에서 자본 집중적 대규모 산업이 소규모 가족사업장을 대체하고 대규모 슈퍼마켓이 구멍가게를 대체하며 노동력 구조가 고임금 숙련 노동과 저임금 비숙련 노동으로 양분되면서 막 중등교육을 마친 젊은이들이 가장 큰 손해를 보았다고 말한다.

---

4. 앞의 글, 187쪽.

아버지의 사업장에 취직을 할 수도 없고 새로운 산업에서 일자리를 구하기에는 자격이 모자라는 이 젊은이들은 할 수 없이 트럭 운전이나 사환 짐꾼 창고관리인과 같은 직업에 만족해야 했고 아니면 지겹도록 오래 실업 상태에 있어야 했다. 점점 많은 사람들이 나이에 관계없이 일자리를 구하기 위해 지역사회 밖으로 나가야 했으며 그 중의 몇몇은 결국 적당한 일거리를 찾을 수 있는 다른 곳으로 이사해야 했다. 전반적으로 지역사회의 경제는 수축하고 점점 다양성을 상실하게 되었다.[5]

노동력의 이분화에 따라 젊은 사람들이 대구 경북이라는 지역사회로부터 이탈하는 것이 대구 경북 지역사회 경제의 수축을 불러 왔다는 것은 그 동안 지적되어 왔던 사실이다. 그러면 젊은이들이 왜 다른 곳으로 이주하는가? 그것은 무엇보다도 도심의 젠트리피케이션 내지는 고사 정책으로 인하여 도시 중심부에서 살 수 없기 때문이다. 결국 높은 아파트 가격 때문에 대구에서 살 수 없는 사람들은 경산, 칠곡 지역 등으로 빠져 나갈 수밖에 없고 그로 인해 핵심 소비 인구 계층이 점점 줄어들고, 연동되어 지역경제는 침체된다.

코헨의 문제의식의 핵심에는 이스트 엔드 지역 같은 슬럼가에 거주하는 노동계급이 있다. 코헨은 재개발 사업으로 인하여 이스트 엔드 지

---

5. 앞의 글, 188쪽.

역의 노동계급들은 다른 지역으로 추방되고 서인도제도나 파키스탄인들이 이스트 엔드 지역으로 이주해 들어오거나, 저임금 노동자들이 이 지역으로 밀려들었다고 설명하는데, 이 때 코헨이 말하는 대로 문제는 그 과정에서 이스트 엔드 지역에 고층 건물이 들어서면서 젠트리피케이션 과정이 촉진되고 그로 인하여 도시가 이중도시로 변하면서 하위공동체 구조가 와해되기 시작했다는 점이다. 그리고 그 와해 과정에서 하위공동체의 사람들은 평범한 노동계급으로 전락하거나, 새로운 교외 지역에 거주하는 노동계급 엘리트 지위로 상승하거나 하는 두 개의 분리된 현상이 빚어졌다. 또 하나 코헨의 의미심장한 지적은 이러한 노동계급의 분열로 인하여 노동계급이 호화로운 소비 이데올로기와 전통적인 생산 이데올로기라는 양극에 걸리게 되었다는 점이다. 코헨의 이러한 지적은 사스키아 싸센(Saskia Sassen)이 말하는 '중심부의 주변화'라는 공식과 더불어, 노동계급의 욕망 구조가 현실적으로 어떻게 형성되어 있는지, 그리고 이러한 현실화가 대구 경북 지역에서 실제로 어떻게 실현되고 있는지를 파악하는 데에 중요한 단서가 될 것으로 보인다. 또한 대구 경북 지역에 대한 기존의 표상, 즉 대구는 소비도시라는 규정은 하나의 허구일 뿐이고 대구 경북 중에서 특히 대구라는 도시가 생산과 소비의 두 공간으로 양분되어 있고 생산 이데올로기가 지배하는 공간이 노동계급이 거주하는 공간과 일치하는 것인지의 여부를 생각하게 해준다.

코헨은 이스트 엔드 지역의 재개발 계획이 이스트 엔드 지역의 삶의 패턴을 근대화하려던 기획으로서 이스트 엔드 지역에 재앙을 불어닥치게 했다고 파악한다. 말하자면 근대성의 재앙인 셈이다. 그런데 중요한 점은 이 개발의 재앙이 밀어닥친 곳에서 바로 하위문화가 탄생했다는 것이다. 코헨에 따르면 하위문화는 세대의식과 계급의식에서 이중적인 영향을 받으며 탄생했다. 여기서 전자는 노동계급의 가정에서 태어나 자란 젊은이들이 부모-자식 간의 세대 갈등을 겪고 그것이 하위문화의 탄생을 가져왔다는 설명을 하기 위한 것이다.

한 때는 양육과 보호의 터전이던 가정은 이제는 부모와 자식 모두에게 전쟁터가 되었고 그들 주위의 지역사회 구조가 와해됨으로써 생겨나는 모든 문제들이 모여드는 장소가 되었다. 그 결과로 조혼이 부쩍 늘어났다. 가정생활에서 오는 밀실 공포적인 긴장에서 도피하는 한 가지 방법은 부모의 가정에서 떨어져 나가 자기 자신의 가정을 꾸리는 것이었기 때문이다. 재개발계획은 낮은 집세를 받는 숙박설비를 중간계급 소유자가 직접 거주하는 주택단지로 변환시키려는 것이었고 젊은 독신자를 위한 주택은 아예 염두에 두지도 않았기 때문에 집을 떠날 수 있는 유일한 방법은 결혼하는 것뿐이었다. 부모-자식 간의 세대간 갈등의 두 번째 결과는(조혼 경향과 모순되는 것처럼 보이지만 실상은 조혼을 강

화하고 있는) 부모세대 문화와 대당을 이루는 특수한 청년 하위문화의 출현이다.[6]

코헨에 따르면 노동계급의 자식들은 전통적인 청교도주의, 전통적인 윤리의식과 규범을 지지하는 부모문화와 소비라는 새로운 쾌락주의 사이에서 갈등을 빚었는데, 그 갈등으로 인한 모순의 변종이 노동계급 청년의 하위문화라는 특수한 라이프스타일을 만들어 냈다는 것이다.

우리의 경우, 영국처럼 독신자를 위한 주택이 없는 것은 유사하지만 그 당시의 영국과 달리 조혼 양상을 보이기보다는 부모에게 기생하는 젊은이들이 많아졌다. 물론 그러면서도 전통적인 규범을 고수하고 생산, 절약을 강조하는 부모문화에 대한 기대를 포기하고 가정을 밀실공포의 공간으로 파악하여 집을 떠나려는 욕구 또한 존재한다. 그러나 1950년대의 영국과 달리 집을 떠나 결혼하는 젊은이들의 삶을 보장하는 사회적인 제도가 우리에게는 없기 때문에 상징적으로는 부모세대 문화와 대당을 보이는 현상들이 출현하기는 하지만 그것이 하위문화의 출현으로까지는 이어지지 않는 것으로 보인다. 코헨은 하위문화의 탄생 조건으로 이러한 세대의식만이 아니라 계급의식도 거론한다.

---

6. 앞의 글, 190쪽.

또 이를 경제적인 수준에서 보자면 사회적 이동가능성을 가진 엘리트로서의 미래와 새로운 룸펜프롤레타리아로서의 미래 사이에서 나타나는 모순이라는 중심 주제의 변종으로 간주할 수 있다. 유별난 옷을 입고 다니는 모드족, 파카족, 스킨헤드족, 크롬비족 모드는 각기 다른 방식으로 부모문화에서 파괴되어버린 사회적인 결합의 요소를 회복하려는 시도와 더불어 이러한 파괴에 대항할 수 있는 방법을 상징하는 요소들을 다른 계급에서 추출하여 자신들이 추구하고 있는 결합의 요소와 조합해 보려는 시도를 표상하고 있다.[7]

이동연은 "노동자계급 하위 청년문화가 자신들의 부모가 간직하고 있던 검열의 윤리의식을 거부하면서도 동시에 자신들의 부모의 생존을 위협하는 부르주아 지배계급의 새로운 형태의 노동력 착취를 거부하는 움직임 속에서 태어났다"[8]고 파악한다. 이것은 "노동자계급들의 생활의 위기와 부모들이 간직했던 전통문화의 정체성 사이에서 방황하는 그들 자녀의 불만과 공포와 자유가 담겨진 일종의 새로운 형태의 청년문화"가 하위문화라는 규정[9]에서 더 나아가 노동계급의 하위 청년문화가 계

---

7. 앞의 글, 191쪽.
8. 이동연, 『대중문화연구와 문화비평』, 문화과학사, 2002, 303쪽.
9. 앞의 책, 302쪽.

급의식의 표현이라는 더 과감한 주장으로 나간 것이다. 그러나 코헨이 하위문화의 탄생 조건에서 거론한 것은 엘리트로서의 미래와 룸펜프롤레타리아로서의 미래 사이의 모순이기 때문에 노동자계급의 하위 청년 문화가 부르주아 지배계급의 새로운 형태의 노동력 착취를 거부한 것인지, 아니면 거부하는 움직임을 보인 것인지 또 혹은 그러한 움직임을 표상하는 데 그치고 만 것인지 더욱 세밀하게 논의될 필요가 있다. 하위문화가 그러한 모순 속에서 탄생한 것이라면 하위문화가 부르주아 지배계급에 저항하는 문화라고 섣부르게 단정할 수 없기 때문이다. 코헨의 주장을 요약하자면, 재개발 과정에 따라 원래의 노동계급이 양극화되고 엘리트로서의 미래를 가진 노동계급과 룸펜프롤레타리아로서의 미래를 가진 노동계급으로 양분되고 전자는 모드족에게서, 후자는 스킨헤드족에게서 나타난다는 것이다. 즉 "모드족이 사회적으로 상승하는 존경받은 노동계급이 어떤 것들을 선택할 수 있는가를 탐구했다면 스킨헤드족은 룸펜으로 전락하는 이 계급분파의 선택을 탐구했다"[10]는 것이다. 이 때 스킨헤드족은 그 선택의 탐구를 모드족의 라이프스타일을 체계적으로 전도시켜 은어나 의식의 형식들보다 복장과 음악을 통해 그 탐구를 구체화시켰다.

　　여기서 룸펜프롤레타리아로서의 스킨헤드족의 선택지는 계급의식

---

10. 코헨, 「하위문화 갈등과 노동계급 공동체사회」, 192쪽.

의 표현이라고 볼 수 있지만 계급의식에 의해 음악과 복장이라는 선택지를 탐구했다기보다는 음악과 복장이라는 선택지를 통해 계급의식을 '사후적으로' 표현한 것으로 보는 편이 더 타당하지 않을까 싶다. 또한 코헨 자신도 "하위문화는 상징적인 구조"라고 보기 때문에 그러한 상징 투쟁이 어느 정도로 계급의식의 효력을 지니는지도 판단하기 어렵다. "하위문화의 잠재적 기능은 부모문화에서 드러나지 않고 해소되지 않은 채로 있는 모순들을 '마술적으로나마' 표현하고 해소하는 것이다"[11]라고 말하는 코헨의 주장에서 예의 그 '마술적인'이라는 수사적 표현, 모순에 대한 가상적인 관계라는 표현도 성찰의 대상이다. 코헨도 "정의상 하위문화는 부모문화에서부터 생겨난 모순들을 결코 넘어설 수 없"[12]다고 말하고 있지 않은가.

데이비드 머글턴(David Muggleton)은 "하위문화와 계급의 관계는 따라서 우연한 것이다"[13]라고 말한다. 머글턴은 노동자계급의 하위문화가 헤게모니적인 문화에 저항한다고 보는 것이 현대문화연구소의 입장이라고 말하면서 "그러나 정확하게 누가 저항하는가"[14]라고 반문하면서 하위문화 탄생의 계급적인 조건에 의문을 표시한다. 코헨 자신도 모

---

11. 코헨의 글, 191쪽.

12. 앞의 글, 193쪽.

13. David Muggleton, *Inside Subculture* (Oxford, 2000), p. 30.

14. Ibid.

드족의 쾌락주의를 지적하지만, 소비 지향적인 가치들을 강조하는 모드족이 어느 정도 계급의식을 담보할 수 있는지가 문제다. 그런데 여기서 그 담보라는 것이 반드시 루카치 식의 계급의식의 담지자로서의 프롤레타리아여야 하는지도 의문이고, 하위문화의 주체를 프롤레타리아로 규정해야 할지 아니면 룸펜프롤레타리아로 규정해야 할지도 문제이며 그에 따르는 여러 가지 문제들도 해결해야 할 것이다. 일단 여기서는 이러한 문제들이 '하위문화는 저항하는가'라는 큰 주제의 쟁점이라는 사실만 염두에 두고 코헨의 다음과 같은 지적을 상기하는 것으로 이야기를 마치자.

연속적인 사회통제 속에 사로잡혀 있는 청년들은 계속해서 반항하기 마련이다. 그 반항을 인위적으로 다른 것으로 치환하고 막아버리는 것이 바로 하위문화의 한 기능이다.[15]

맑스냐 베버냐

─하위문화에서 실재론과 명목론의 논쟁

데이비드 머글턴은 코헨의 주장을 깔끔하게 정리하면서도 "코헨의

---

15. 코헨, 「하위문화 갈등과 노동계급 공동체사회」, 194쪽.

페이퍼에는 현상적인 분석의 수준이 없다"[16]고 비판한다. 머글턴의 이러한 비판은 코헨의 다음과 같은 이야기에 바탕을 두고 이루어진 것이다. 코헨은 하위문화 분석의 세 가지 수준을 구분하면서,

마지막으로는 하위문화가 그것의 담지자와 지지자들에 의해서 실제로 생생하게 경험되는 방식에 대한 현상적인 분석이 있다.[17]

고 말하면서 "이러한 수준들을 적당하게 배열하지 않고서는 하위문화에 대한 어떠한 진지한 분석도 완전하다고 할 수 없다"[18]고 이야기한다. 코헨의 이러한 이야기를 들어보면 머글턴의 코헨 비판은 틀린 것처럼 보인다. 코헨도 머글턴처럼 현상적인 분석이 하위문화 연구에 필요하다고 말하고 있기 때문이다. 그러나 코헨은 현상적인 분석이 필요하다고 말할 뿐 그 이상의 논의는 진척시키지 않고 있다. 또한 하위문화 분석의 세 가지 수준에서 역사적인 분석도 더 깊이 진척시키지 않고 있다. 그래서 머글턴에 따르면 코헨은 "모드족과 스킨헤드족의 주관적인 동기들과 의미들을 재구성하려고 시도하지 않고 하위문화적인 해결책들의 기호학적

---

16. David Muggleton, op. cit., p. 13.
17. 코헨, 「하위문화 갈등과 노동계급 공동체사회」, 191-192쪽.
18. 앞의 글, 192쪽.

인 해석만 제시한다"[19]는 것이다. 코헨이 말한 세 가지 수준 중에서 코헨은 두 번째의 하위체계들에 대한 구조적이고 기호학적인 분석만을 행하고 있다는 것이다. 그래험 터너(G. Turner)는 헵디지나 코헨의 분석 방법에 아카데믹한 엘리트주의가 존재한다고까지 말하면서 코헨을 비판한다. 이것은 코헨이 존경받는 노동계급 분파의 문제를 독립시켜 보려고 하는 문제의식과 연결된 문제이다. 스탠리 코헨(Stanley Cohen)은 코헨만이 아니라 버밍엄 현대문화연구소 자체에 대한 비판을 하며 다음과 같이 말한다.

이것은 확실히 스타일을 독해하는 상상적인 방식이다. 그러나 우리는 그것이 또한 상상적이지도 않다는 것을 어떻게 확신할 수 있는가? 이러저러한 방식으로 '의식을 통한 저항'이라는 틀에서 나타나는 대부분의 문제들은 이론의 세 번째 수준(코헨이 말하는 하위문화 분석의 세 가지 수준 중에서-저자)에서 발견할 수 있다. 즉 그 담지자들이 하위문화들을 실제로 어떻게 살아내는가 하는 것이다. 여기서 계속 누그러지지 않고 문제가 되는 점은, 이러한 삶들, 자아들 그리고 정체성들이 그것들이 대표한다고 여겨지는 것에 항상 일치하지 않는다는 것이다.[20]

---

19. David Muggleton, op. cit., p. 13.
20. Ibid.

구 소련의 청년문화를 연구한 힐러리 필킹턴(Hilary Pilkington)은 현대문화연구소를 오늘날의 청년문화를 연구하는 데 있어서 '주류'로 파악하는 것이 위험하다고까지 말한다. 셔우드(Sherwood)는 1990년대의 문화연구의 아젠다를 말하는 가운데 현대문화연구소에 대해 다음과 같이 비판한다.

최근의 CCCS인들이 구사하는 서사는 그들의 이론만큼이나 추상적이다. 그들이 조달하는 문화연구의 브랜드는 사회적 행위자들이 그들의 현실을 항해하는 이야기들에 개입하기보다는 이러한 추상화된 정치적 서사들 안에 갇혀 있다. …주석이 해석을 대체하고 있다. 분석 대상이 의미가 아니라 객관적인 현실 자체이기 때문이다. 행위자들과 헤게모니를 쥔 사람들이 이러한 세계에 서식하고 있고, 실제 주체들인 자아들과 타자들은 경험적인 틀 바깥으로 파헤쳐져 나와 있다.[21]

머글턴, 스탠리 코헨, 셔우드, 필킹턴 등이 코헨과 코헨을 넘어서서 현대문화연구소 자체까지 비판하면서 이야기한 것들 중에는 공통된 점이 들어 있다. 그것을 안젤라 맥로비(A. McRobbie)가 다음과 같이 요약해 놓고 있다. "문화연구에서 젊은이들의 삶을 현장관찰기록(ethnography)

---

21. Ibid., p. 4.

방식으로 드러낸 증거들은 그들의 주관성들의 표현으로서가 아니라 그들의 주관적인 경험들의 재현으로서 간주되고 있다." 즉 젊은이들의 주관성을 재현하기만 할 뿐 그 주관성들이 어떻게 표현되는지에 대해 주목하지 않는다는 것이다. 이것은 다시 앞에서 코헨 스스로 말한 것처럼 하위문화의 지지자와 담지자들이 하위문화를 실제로 어떻게 경험하는가 하는 방식에 대한 연구가 하위문화에 대한 기존의 문화연구에는 존재하지 않는다는 비판인 셈이다.[22]

그렇다면 필 코헨과 데이비드 머글턴의 이러한 입장 차이는 어디에서 연유하는가? 필 코헨의 재현주의와 데이비드 머글턴의 표현주의는 각각 맑스의 실재론적 입장과 베버의 명목론적인 입장에서 출발한다. 머글턴에 따르면 베버는 현실이란 것이 무수히 많은 개별적인 존재들(entities)과 사건들로 이루어져 있고 각각의 총체와 사건이 무한한 방식으로 기술될 수 있다는 신칸트학파의 관점을 받아들인다. 신칸트학파의 관점에 따르면 세계는 그 전체적인 존재(entirety)를 알 수 없는 것이므로 필연적으로 그 세계에 질서부여의 틀을 부과해야 하고 그 틀에 따라 우리는 우리 자신의 이익과 관심에 어울리는 측면들을 규정하고 선택하고 추상할 수 있다. 여기서 베버의 '이상형'(ideal-type)이라는 방법론적인

---

22. 현대문화연구소의 모든 연구자들이 그렇다는 것은 아니다. 머글턴은 폴 윌리스의 경우 비판 대상에서 제외한다.

개념이 나온다. 베버의 이상형이란 우리가 어느 한 현상(가령 하위문화라는 현상)의 특별하게 의미 있는 특징들이라고 간주하는 것에 대한 일면적인 강조다. 이 때 두드러지는 특징들이 뭐다라고 그 정체성을 규정하는 것은 가치의 표현일 수밖에 없고 사회적 세계는 무한하게 복잡한 것이므로 가치중립적이거나 객관적인 현상의 설명이란 불가능한 것이다. 코헨은 "하위문화가 상징적인 구조이므로 그 문화의 담지자이자 지지자인 실제 젊은이들과 하위문화를 혼동해서는 안 된다"[23]고 말하는데, 베버의 입장에서 본다면 실제 젊은이들의 가치 선택, 더 나아가 주관적인 가치 선택이 중요할 수밖에 없다. 머글턴은 피어슨(Pearson)의 견해를 빌려 하위문화가 하나의 이상형이라고 주장한다. 하위문화는 선택되고 추상화된 두드러진 특징들이 하나의 패턴화된 구성물로 짜여져 나타난 것이기 때문이다. 그러나 이상형은 현실이 혼돈스럽고 복잡하기 때문에 그 현실을 충실하게 재현할 수 없고 현실로부터 일관된 방식으로 우리의 이익에 썩 걸맞은 특징들을 추상할 수밖에 없다. 머글턴은 A. 슈츠의 '적합성의 공리'(postulate of adequacy) 개념을 원용하여 '타당성의 기준'(criterion of validity)을 제기한다. 이것은 말하자면 사회과학적인 구성물들과 사회적 행위자들의 상식적인 현실이 어느 정도 맞아 떨어지는가 하는 것을 가리킨다. 재현의 관점에서 본다면 양자 사이에 맞아 떨어지

---

23. 코헨의 글, 191쪽.

는 정도가 큰 것이지만 실제로는 그렇지 않다는 것이고 양자 사이에는 재현되지 않는 부분들이 있는데 현대문화연구소의 연구자들은 이 점을 보지 않는다는 것이다.

두 번째로 베버의 경우에는 현실의 본질적인 특징들을 그것이 무엇이다라고 확인하는 것이 가능하지 않지만 맑스는 현실의 진정한 본질이, 현상적인 형태로 그것이 우리에게 어떻게 나타나든지에 관계없이 독립적이고 객관적으로 존재하는 것으로 본다는 것이다. 사회적 현실은 여러 다양한 방식들로 늘 구성될 수 있기 때문에 진정한 본질을 소유할 수 없고 왜곡된 방식으로 드러나고 실제로 존재하는 것과 다른 것으로 나타나기 마련인데, 맑스는 현상이 현실의 본질로부터 나온다고 본다는 것이다. 이것은 문학 이론에서 루카치의 총체성 이론에서도 드러난 바 있지만, 베버의 입장에 바탕을 둔 머글턴의 주장은 현상을 기저를 이루는 구조의 표현으로 보지 말고 현상 수준에서 작업을 그대로 진행하자는 것이다. 머글턴은 이렇게 루카치식의 본질의 현상이나 알튀세르의 표현적 총체성을 거부하고 현상 자체를 그대로 보자고 주장하는 것이다. 머글턴은 하위문화 연구에서 코헨이 밝힌 세 가지 수준을 현대문화연구소의 클라크(J. Clarke)가 주장한 구조, 문화, 전기에 대비시키면서 클라크가 『의식을 통한 저항』에서 "우리는 여기서 결코 적절하게 전기적인 수준을 다룰 수 없었다"[24]고 고백한 점을 인용하는데, 코헨이나 클라크가 현상적인 수준이나 전기적인 수준을 다룰 수 없었던 것은 그들이 하위문화에 대해 실재론적인 입장을 갖고 있었기 때문이다. 다시 말해 좀 더 부연하자면 맑스의 입장, 그리고 알튀세르의 입장을 따르는 현대문화연구소의 논자들은 관찰할 수 있는 현상으로부터 그러한 현상들을 설명할 수 있는 본질적인 관계들의 존재(그것이 구조이든 총체성이든 생산의 계급관계든)를 가정하는 리트로덕션(retroduction)의 추론법을 고수했기 때문에 하위문화에 명목론적인 입장에서 접근할 수 없었다는 것이다. 물론 머글턴이 하위문화의 경제적이고 계급적인 접근법을 완전히 무시하는 것은 아니지만 하위문화에 대한 실재론적인 입장을 고수하다 보면 마샬과 같이 청년들의 하위문화들을 부르주아의 이데올로기적인 지배에 대한 저항의 형태로 읽어야 한다는 주장이 나오게 되는데, 정작 실재론적 연구의 주체들은 스스로가 그러한 설명을 하고 있다는 것을 인지할 수 없고 또 그렇게 인지하지도 않는다는 것이다.

머글턴은 사회경제적인 요소에 대한 설명이 불필요한 것은 아니지만 그렇다고 해서 하위문화를 경제적이고 사회적인 요소들에 필연적으로 연관된 것으로 이론화하지 말자는 것이고 하위문화 주체들의 주관적인 경험과 그 의미를 미리 주어져 있는 총체화하는 이론에서 도출하지 말자는 것이다. 그리고 경험적인 현실을 실재론자들처럼 기저를 이루는

---

24. David Muggleton, p. 12.

수준의 구조와 메커니즘에 의해 발생된, 현실의 피상적인 수준으로만 간주하지 말자는 것이다. 실재론자처럼 진정한 현실(true reality)을 가정하기보다는 살아진 현실(lived reality)에 주목하는 명목론적인 입장을 견지하는 것이다. 머글턴은 사회과학 방법론에서 실재론적인 입장을 주장하는 앤드류 세이어(Andrew Sayer)가 예로 들고 있는 구리철사줄 이야기를 한다. 구리철사줄은 전기를 유도하는 경향을 가지고 있고 이 경향을 발생시킨 메커니즘은 구리 안에 이온 구조로 내재하지만 어떤 구리철사줄들은 유도체로 행위하는 데 실패하기도 한다는 것이다. 예를 들어 습기 같은 우연한 요소들이 이 경향이 실현되는 것을 방해한다는 것이다. 그러나 이렇게 반대로 행위하는 우연한 요소들이 있다고 해서 필요한 경향들이 존재하지 않는다는 것은 아니다. 구리는 여전히 이렇게 주장할 수 있는 경험적인 증거가 없음에도 불구하고 전기 유도체로 행위하는 내재적인 능력을 보유하고 있다는 것이다. 자연과학에서는 전기 유도를 방해하는 이러한 우연적인 요소들을 통제하고 조작할 수 있지만 사회과학에서는 그것이 불내재한다. 그러므로 습기가 전기 유도를 방해하듯이 우연성이 본질의 현상을 방해할 수 있는 것이고 구리철사줄 안에 전기 유도 경향이 내재하고 있는 것과는 달리 현상 안에 현실의 총체성이 내재한다고 볼 수 없는 것이다. 세계는 세이어가 말하듯이 세계 내에 구조를 갖고 있지 않는 것이다. 그러나 그렇다고 해서 맑스주의에 없다고 주장하는 그 과학적인 우월성이 베버의 사회학에 있다고 보지 않는 것이 머글턴의 입장이다.

따라서 머글턴은 "하위문화란 순전히 명목론적인 추상물일 뿐"[25] 이라고 단언한다. 명목론적인 추상물인 하위문화에 대한 연구에서 중요한 것은 개인들의 행위들과 의미들이고 개인들이 일상을 주관적으로 어떻게 경험하고 있는가 하는 것이다. 그러나 현대문화연구소는 하위문화를 실재론적인 구조를 가진 개념으로 파악하기 때문에 개인적인 수준에서 분석할 수 있는 틀을 제공하지 못한다는 것이다. 하위문화에 대한 이러한 실재론적인 입장은 하위문화 안의 모든 멤버들이 동일한 계급 위치에 있다고 봄으로써 하위문화를 동질적이고 정적인 체계로 파악하고 나아가서는 하위문화라는 개념 자체를 물신화하게 된다. 이동연은 "하위문화 스타일 안에는 서로 많은 차이들이 존재하고 심지어 하위문화 주체들 사이에는 많은 갈등관계가 형성된다"[26]고 말하는데 이것은 하위문화 안의 하위체계가 다양하다는 것을 지적하는 것이지 이동연 스스로가 하위문화에 대한 실재론적인 입장에서 벗어나 있다는 것을 입증하는 지적은 아니다. 즉 이동연이 말하는 하위문화 스타일의 차이는 가령 모드족과 모드족의 라이프스타일을 완벽하게 전도시킨 스킨헤드족 간의

---

25. David Muggleton, p. 23.
26. 이동연, 『대중문화연구와 문화비평』, 304쪽.

차이이지 모드족의 여러 주체들 간의 계급적 차이와 갈등을 지적하는 것은 아니라는 것이다. 코헨의 하위문화 연구를 하위문화 연구의 적절한 모델로 인정하는 헵디지가 사회구성체 안에서 서로 다양한 층위들 사이의 복잡한 상호작용을 말하는 것도 어느 한 하위문화 스타일 안의 계급적 차이와 갈등을 지적하는 것은 아니다. 개인적인 멤버들이 현실을 살아낸 복잡한 방식들, 전기들, 주관성의 복잡한 경험들을 다 담아내지 못하기 때문이다. 머글턴은 자신의 주장을 뒷받침하고자 자신의 저서에서 많은 하위문화적 주체들에 대한 현장관찰기록을 시도한다. 하위문화라는 개념이 개별적인 멤버들을 대표한다고, 다시 말해 재현한다고 믿는 것은 하위문화의 주체들이 갈등과 차이가 공존하는 매개항을 거치지 않고 특정한 하위문화의 라이프스타일로 드러나는 것이라고 주장함으로써 하위문화라는 개념 자체를 물신화하는 것이다. 왜냐하면 거기서 "개인들은 본질들, 구조들과 총체화하는 이론들의 부수적인 현상(epiphenomena)으로만 나타나는 것"27)이 되기 때문이다.

하위문화에 대한 실재론과 명목론은 사회학에서 사용된 구조와 행위라는 오래된 이분법의 문제이기도 하다. 머글턴은 구조보다 행위에 더 방점을 찍는 경우이지만 하위문화의 주체들이 진정한 현실 안에서 구체적으로 삶을 살아가는 방식을 개인적인 차원으로 돌리는 것은 문제가

---

27. David Muggleton, p. 24.

있다. 습도가 우연히 전기 유도를 방해하듯이 하위문화가 개별 주체들을 재현할 때 우연한 요소에 의해 그 재현이 불가능해진다면 그것을 개인적인 차원으로 돌릴 것이 아니라 그러한 하위문화적 주체들의 삶이 집단적으로 표현되고 그들의 목소리를 들을 수 있는 뭔가를 상정하는 것이 더 나을 것이다. 이와 관련하여 대구 경북 지역에서는 지역의 민중적 교육공동체 논의가 일어나고 있다. 공교육 말고 현장 교사들의 노력으로 알음알음으로 몇 년 동안 키워 오던 목소리들이 모이고 있다. 칠곡의 방과 후 학교, 성서의 와룡배움터, 비산동의 희년공부방, 앞산의 공부방, 마을학교연구소 등에서는 개인을 구조의 부수현상으로 남아 있지 않게 하고 진정한 현실에 접근하게 하기 위한 공동체 구상 논의가 이루어지고 있다. 머글턴이 하위문화에 대한 사회경제적 요인을 무시하는 것이 아니라면 하위문화에 대한 명목론적인 입장을 이렇게 다른 차원에서 실천적으로 표현하는 것이 더 중요하다는 생각이 든다.

나가며

보통 한국사회에는 영국 같은 하위문화의 라이프스타일이 존재하지 않는다고 말한다. 그러나 도시의 젠트리피케이션 과정이나 재개발로 인해 노동계급이 주변부로 밀려나거나 이주하는 과정은 영국과 별반 다를 것이 없다. 그렇다면 한국의 경우에도 영국의 모드족이나 스킨헤드족처럼 음악이나 의복을 통해 집단적인 스타일의 정체성을 뚜렷하게 드러내는 것은 아니라고 하더라도, 하위문화의 라이프스타일에 대한 다양한 변이들이 1950년대의 영국과 다른 방식으로 존재하고 있다는 가정을 세울 수도 있다. 물론 사교육이 블랙홀처럼 중산층이나 노동자계급의 자녀들의 의식을 빨아들이고 있는 점이 영국에 비해 분명하게 다른 점이기는 하다. 이동연이 한국사회 안에 존재하는 하위 청년문화에 대한 최초의 현장관찰기록을 한 바 있지만 대구 경북 지역에서는 청년들의 하위문화는 어떻게 표현되고 있을까? 코헨이 말한 대로 부모문화와 노동자계급의 상황에 대해 청년들의 문화는 어떻게 반응하며 그 반응은 어떠한 문화적인 형식들을 통해 표현되고 있는가? 더 나아가 노동자계급 밀집 지역에서 노동자계급의 문화의 부재가 존재한다면 그 현상은 어떻게 설명되고, 또 어떻게 극복될 수 있을 것인가.

AFRICA

striking youth

big jonggyul

guerrero

Zitah

cristiano bini

mh jean

7.

대구의 언더문화

1. 춤과 언더문화: 힙합

힙합이란 말 자체는 길거리에서 사람들 간에 내뱉을 수 있는 의성어를 가리킨다. 힙합에는 랩, DJ, B-boy, 그라피티, 팝핀, 라킹(locking) 등이 있는데 그 중 가장 힙합적인 것은 B-boy라고 할 수 있다. B-boy에서 B는 'Break Beat Dance'라는 뜻을 갖고 있으며, 따라서 B-boy는 Break Beat Dance를 하는 아이들이라는 뜻이다. B-boy가 힙합 중에서 가장 힙합적이라는 것은 B-boy가 가장 남성적이고 남성적인 것을 가장 먼저 내세우려고 하는 경향을 갖는다는 뜻이다.

힙합 자체가 무엇인가, 다시 말해 춤의 형식으로서의 힙합이 무엇인가라는 점에 대해서는 다음의 인용문에 잘 정리되어 있다.

춤 형식으로서 힙합은 비트를 유난히 중시하는 80년대 댄스 음악의 한 과정으로 몸의 세밀한 부분단절과 흐름을 중시하는 블레이크댄스(웨이브)에서 테크비트를 이용해 규칙적인 동작을 반복하는 소위 '로저레빗' 춤의 변형이다. 한편으로 힙합은 하우스-레이브-정글(jungle)-게버(gabber)와 같은 일렉트로닉 댄스장르처럼 신디사이저를 이용한 빠른 비트보를 구사하기보다는 초기 레게음악의 더브 형식처럼 느리게 진행된다.[1]

힙합이 80년대 초부터 미국에서 유행하기 시작한 흑인음악의 한 형식이라는 것은 누구나 아는 사실이다. 문제는 힙합이 하나의 문화로서 모습을 나타내게 된 배경이다. 이동연은 이것을 게토문화(ghetto culture)라는 관점에서 찾는다.

힙합은 아프리카의 원시적인 문화로 회귀하기 이전에 아메리카 대륙에 존재하는 흑인 이산민들이 형성해온 '아프로아메리칸'(Afro-American)

---

1. 이동연, 『서태지는 우리에게 무엇이었나』, 문화과학사, 1999, 88-89쪽.

문화 중에서 특히 하층민들의 삶을 배경으로 하는 게토문화(ghetto culture)를 지시한다. '게토'는 슬럼(slum)과 비슷하게 도시 외곽이나, 다운타운 외진 곳에서 발생한 빈민가 군락을 의미한다. '게토문화'는 그런 점에서 하층계급들의 현장의 삶에서 생겨나는 주변부 문화(marginal culture)로서 오랫동안 중심문화로부터 배제되어 왔던 문화이다.[2]

그런데 양재영은 힙합문화의 배경에 대해 이동연보다 좀 더 구체적으로 설명한다. 그는 영국에서 하위문화의 출현이 도시 재개발과 깊은 연관을 가졌던 것처럼 미국에서 뉴욕이라는 도시가 재개발에 휘말리면서 힙합문화가 출현하게 되었다고 본다. 다시 말해 이동연이 말하는 게토문화가 다시 어떠한 사회 경제적인 배경을 갖고 나타났는지 설명하는 것이다. 영국이나 미국이나 시기적으로 1950년대로 비슷하고 무엇보다도 그 시기에 도시의 젠트리피케이션(gentrification) 과정 혹은 도심 재개발 과정이 하위문화의 출현에 영향을 미쳤던 것처럼 힙합문화의 출현에도 결정적인 영향을 미쳤다는 사실이다. 좀 길긴 하지만 인용해 보자.

힙합문화의 출현은 미국의 사회 경제적 변화와 깊이 결합되어 있다. 랩/힙합은 뉴욕 사우스 브롱스(South Bronx)의 흑인과 히스패닉 게토에서 출

---

2. 앞의 책, 91쪽.

발하였다. 1930년대까지만 해도 서인도 제도(카리브해) 출신 흑인들의 이주지였던 브롱스는 이후 다양한 유색 인종들의 이주로 인구 구성상으로나 경제적으로 큰 변화를 겪게 된다. 1950년대까지만 해도 브롱스는 뉴욕이라는 대도시로 이주해 온 유색 인종들이 아메리칸 드림을 실현하기 위한 출발 지점이었다. 하지만 1959년 당시의 뉴욕 시장 로버트 모지스(Robert Moses)가 브롱스의 심장을 꿰뚫는 철로를 만들기 시작하고 그 와중에 6만여 채의 집들이 헐리면서 브롱스는 새로운 전환점을 맞았다. 근대화를 상징하는 철로와는 별도로, 철로 남단의 사우스 브롱스 지역은 극도로 황폐해졌고 완전히 슬럼화되었다. 1970년대에 접어들면서 새로운 흑인 이주민들이 유입되고 경제적 사회적 고립이 가속화되면서 이 지역은 더욱 피폐해졌고, 사우스 브롱스 흑인들은 생존 방식이자 대응 방식으로서 자신들만의 문화적 네트워크를 구성하게 된다. 미국 북부 출신의 흑인들과 카리브해 출신의 흑인들을 중심으로 하나의 공동체가 형성되고, 그들만의 새로운 문화의 아이덴티티가 만들어지게 된 것이다.

1980년대가 되면서 흑인 사회의 고립과 슬럼화는 특정 지역에 머무르지 않고 대도시를 중심으로 동부 전역으로 확대되어 갔다. 레이건의 경제 정책, 군사 정책이 보수화를 기조로 세계를 주름잡던 이 시기에 미국의 대도시는 흑인과 유색인들의 새로운 거주 지역으로 변모하였으며—사실 백인들은 낮에만 일하고 저녁이 되면 교외의 부촌이나 백인 거주 지역으로 모두 빠져 나간다—정부로부터 별다른 보호를 받지 못한 이들은 사회적 경제적으로 급격히 소외되어 갈 수밖에 없었다. 그럼으로써 슬럼 게토가 형성되고 분노와 좌절, 저항이 뒤섞인 독특한 흑인들만의 문화, 즉 랩/힙합 문화가 형성되게 된 것이다.[3]

이러한 도심 재개발 사업 외에 양재영은 "백인 사회가 흑인들의 정치적 경제적 접근을 철저히 탄압, 차단하고 유일하게 오락과 예술의 표현만을 허용했기에 가능한 것이었을지도 모른다"고 하면서 흑인이 특별히 흑인'문화'에서 자신들의 정체성을 찾게 된 배경을 이야기하는데, 이것도 힙합문화의 출현과 연관하여 주목해야 할 사항이다. 흑인들이 자신들의 정치적인 박탈감을 문화적 풍요로 채웠다는 것인데, 이런 경우 힙합은 그저 춤인 것이 아니라 하나의 이데올로기적인 문화 형태라고 말할 수 있을 것이다.

대구 경북의 힙합문화를 살피기 전에 힙합문화의 출현 배경에 대해 먼저 알아보았다. 흑인들이 힙합만이 아니겠지만 여러 가지 문화적인 형식들에서 자신들의 정체성을 찾게 된 데에는 도심 재개발 사업이나, 정치적 소외 등이 작용한 것으로 볼 수 있는데 이러한 점은 대구 경북의 힙합 문화를 이해하는 데에도 좋은 단서를 제공해 준다.

---

3. 양재영, 『힙합 커넥션: 비트, 라임 그리고 문화』, 한나래, 2001, 24-25쪽.

대구에는 현재 약 50명의 B-boy들이 활동하고 있는 것으로 알려져 있고, 힙합이 랩과 같이 움직이는 것으로 알려져 있지만 대구의 경우에는 랩이 존재하지 않는다. 랩/힙합의 기본 형식이 메시잉(MCing)과 디징(DJing)인 것처럼 대구에도 미노스, 이센스 같은 MC가 활동하지만 랩보다는 내가 강하다는 것을 드러내는 B-boy가 다른 것보다 훨씬 더 활동적이다. 그 이유는 대구 경북 특유의 남성주의 문화와 떼어내서 생각할 수 없을 것이다. 물론 대구의 춤꾼들이 모두 B-boy만 하는 것은 아니지만 힙합의 특성이 '강한 남성성'을 내세우는 문화라는 점에서 남아 선호사상이 뿌리 깊은 대구가 지극히 남성주의적인 힙합 문화의 출현과 어떤 연관성을 갖고 있다고 상상하는 것은 불가능하지 않다. MC에서 출발한 랩이 강한 목소리를 요구한 것은 미국의 경우 게토의 상황이 갈수록 더욱 더 열악해져 가던 것과 연관이 있지만 대구 경북의 경우에는 힙합이 도심 재개발과 연관성이 없는 것이기 때문에 경제적인 상황의 악화로 인한 더 크고 더 강한 목소리가 요구될 필요가 없었고 특별히 랩이 활성화될 이유가 없었다. 거기다가 래퍼의 인프라 자체가 약했기 때문에 대구 경북에서는 랩보다는 다른 힙합이 주종을 이뤘다고 할 수 있다. 실제로 그런 이유 때문인지 모르겠지만 같은 힙합 안에서도 MC, DJ, 보드, 랩을 하는 청년들끼리 더 가깝고, B-boy는 이러한 청년들과 거리를 두고 있고 거의 소통하지 않고 있다.

대구 경북, 특히 대구에서 힙합의 역사는 그리 오래 되지 않았다고 알려져 있다. 2000년에 제 1회 배틀이 있었을 정도이니 그 역사가 얼마 되지 않는 것처럼 보일 수 있다. 그러나 1980년대 초중반에 한국에서 처음으로 힙합의 뿌리를 내린 '스파클(Sparkle) 그룹' 같은 경우 그 구성원들이 모두 대구 출신이었다는 점에서 대구 힙합의 역사는 따지고 보면 1980년대로 거슬러 올라간다. 그러니까 미국에서 힙합 문화가 등장하던 때와 거의 동시에 대구의 일군의 청년들이 힙합 문화를 즐기기 시작했다고 말할 수 있다. 그 후 1990년대에 현재 컴퓨터 상가로 변한 대구의 교동에서 활동하던 RSC(Rock Steady Crew)라는 그룹이 대구 힙합의 역사를 이었다.

대구에서 힙합을 즐기는 청년들은 앞산 쪽의 도원동 달비골에 있는 청소년 수련원에서 맨 처음 힙합을 알아가기 시작했다. 1990년대 말 정도의 일이었다. 필자가 만난 대구의 팝핀 댄서인 이○○ 군은 괴롭히던 선생님 때문에 고등학교를 자퇴한 후 이 곳에서 춤을 배우며 친구들을 만났고 지금까지 같은 힙합 문화 속에서 생활하고 있다. 미국에서 힙합이 뉴욕의 빈민가를 중심으로 해서 생겨난 것처럼 그와 똑같은 배경은 아니지만 대구의 힙합 춤꾼들도 그리 유복한 가정환경에서 자라난 것은 아니었고, 무엇보다도 한국의 왜곡된 교육 현장이 청년들로 하여금 춤 같은 문화에서 새로운 해방구를 찾게 만들었던 것은 분명하다. 힙합 춤꾼 중에는 아버지가 배를 타는 사람인 경우도 있었고, 회계사인 경우도 있지만, 뉴욕의 게토 지역 같은 빈민가는 아니더라도 한국과 대구의 주류에 속하지 않는 것은 마찬가지였다. 대구의 힙합 세대들이 춤을 추는 곳도 월촌의 청소년 수련원, 대봉교, 본리공원, 두류공원인 것처럼 대구의 힙합문화 역시 주류 문화와 거리가 멀었다.

최근에는 북성로 쪽에 있는 과거의 KT & G 건물이 '문화창조발전소'로 변하면서 힙합 세대의 문화 공간이 넓어졌고, 대구 YMCA에서도 아이들에게 힙합을 대중적으로 강습하기도 한다. 그러나 이와는 별개로 대구 힙합 세대들의 삶은 그리 녹녹치 못하다. 아직도 힙합 하면 갱스터를 연상시키고 힙합 춤꾼들을 바라보는 기성세대들의 눈이 왜곡되어 있기 때문이다. 미국의 경우 힙합이 인종적 차별과 깊이 연관되어 있고 현재는 히스패닉이 힙합의 주축을 이루고 있는 데서 보듯, 힙합은 차별에 저항하는 하층민의 문화적 표현 형태였다. 대구의 경우에는 그 차별이 세대 차별, 혹은 세대 차이로 나타나는 경향이 있고 가장 남성적이고자 하는 힙합이 오히려 남성주의적인 대구의 문화에 의해 역차별 당하는 사례가 있다. 말하자면 힙합 문화를 갱스터 문화로 인식하면서 남자 놈들이 해서는 안 될 것으로 여기기 때문이다. 필자가 만난 대구의 유명한 B-boy 같은 경우 2000년 배틀에서 1등을 해서 트로피를 탔지만 오히려 집에서 욕만 얻어먹고 아버지로부터 트로피가 내팽개쳐지는 등의 수모

만을 당했다. 어떤 면에서 보자면 힙합의 남성주의 정도로는 대구의 남
성주의 혹은 마초주의를 감당하기 어렵다고 볼 수 있다. 그 정도 강도의
남성성으로는 마초주의를 넘볼 수 없기 때문이다. 이것은 대구가 지극히
보수적이고 여전히 박정희 향수에 빠져 있는 것과 무관하지 않다. 대구
의 남성주의가 남성에 대해 마초적인 경향을 보이는 것은 대구의 남성
들 특히 기성세대들이 아버지로서의 박정희 대통령 혹은 남성으로서의
박정희 대통령에 대한 마초적인 마취 상태에 있기 때문이다. 이는 힙합
같은 것은 거꾸로 남자 놈이 할 짓이 아니라는 결론을 나오게 만드는 이
데올로기적인 배경으로 작동하는 것이다.

여기서 군이 빌헬름 라이히의 이론을 들먹일 필요는 없지만 아버지에 대한 욕망이 남성성에 대한 욕망으로 전이되고 그 욕망이 힙합으로 표현된다고 말할 수 있을 것이다. 대구에서 힙합 세대가 대구의 힙합 전통에 대한 자부심이 강한 것은 한 편으로는 춤 자체의 측면에서 공감되는 바이지만, 대구의 마초 문화를 염두에 둘 때 대구의 힙합 문화에 대한 막연한 자부심도 문제가 있는 것으로 여겨진다. 남성 중심주의에 빠진 힙합 문화에 대응해 흑인 여성들이 힙합 문화를 일으키는 미국의 경우와 달리 우리의 경우에는 특별한 여성 힙합이 존재하지 않고 남성들이 힙합의 주도권을 쥐고 있으며 남성 힙합 세대들 자신도 남성주의에 대한 성찰을 하지 않는다.

필자가 만난 대구에서만이 아니라 전국적으로도 유명한 두 춤꾼인 전○○군이나 김○○은 모두 B-boy로서 10년 정도 한 길을 걸어 온 청년들로서 사실상 대구에서 힙합 1 세대 자리를 지키고 있는 중요한 사람들이다. 최근 활발한 활동을 벌이고 있는 전○○군은 B-boy들이 즐겨 하는 패션으로 무장하고 있었다. 팝핀 하는 청년들이 입는 듀크 패션은 아니지만 디키즈라는 신발이나 이스트팩이라 쓰여져 있는 가방, 그리고 모자 등 전형적인 B-boy 패션을 하고 있는 대구의 힙합 세대들은 이제 나만의 B-boy 스타일을 연마하느라 노력하고 있다. 예전 같으면 그저 춤이었을 B-boy에 최근에는 아크로바트적인 요소가 가미되어 관객에게도

신경을 써야 하기 때문에 예전보다는 힘이 더 든다고 말해 주었다. 딕 헵디지가 청소년 하위문화의 특징을 브리콜라주(Bricolage)에서 찾았던 것처럼[4] 패션으로 보면 평범한 복장을 제의적(祭衣的)으로 변용시킨 것이었다. 교복의 제도적 속성이나 획일성이 브리콜라주의 도전을 받아 주름이 펴지고 스커트 길이가 짧아지듯이 B-boy들의 복장이나 헤어스타일은 제도적이고 상업주의적인 패션과 전혀 달랐다. B-boy 스스로도 대구 동성로 등을 걸어가다 보면 누가 전문 춤꾼인지 복장으로 판별할 수 있다고 말할 정도로 힙합 패션은 다른 것들과 분명히 차별화되어 있다.

그러나 제임스 프록터가 '제의를 통한 저항'이 실패할 수밖에 없는 상징적 투쟁이라고 말하듯이 힙합 세대의 브리콜라주적인 패션은 계급 차별에 대한 협상, 자신들이 지금 처한 상태에서 겪고 있는 경험과 협상한 결과이지 그것에 대한 저항은 아니다. 영국의 빈민가 출신의 청소년이 축구 선수 베컴 식으로 머리를 다듬는 것은 그들이 자기들의 경험과 협상한 결과이듯이 자신의 현재의 경제적 사회적 상태와 협상하고 타협한 결과가 힙합 패션으로 나타나고 있는 것이다.

2. 언어와 언더문화: 그라피티

한국사회에 그라피티(graffiti) 문화가 들어온 것은 1999년의 일이다.

4. 제임스 프록터, 『지금 스튜어트 홀』, 손유경 옮김, 앨피, 2006, 170쪽.

처음 부산에서 '원탁'이란 이름의 집단이 활동하였는데, 이후 그라피티 문화는 서울, 부산, 대구로 그 활동 반경을 넓혔다. 한국사회에서 그라피티 1세대는 '원탁크루'로 알려져 있는데 애초에 이것은 '크로스오버'라는 집단에서 비롯한 것이다. '원탁크루' 외에 한국의 그라피티 1세대로는 'GR1'도 있다. 현재 그라피티는 3세대까지 발전해 있고 그 중에서 'J and J' 집단이 가장 잘 알려져 있다. 대구에도 여러 그라피티 집단이 존재하고 그 중에서 한국사회의 제 1세대 그라피티 작가인 정순석 씨는 대구 시내에서 '올드 스쿨'(old skool), '얼반'(urban) 같은 클럽을 운영하면서 두 가지 일을 병행해 살아가고 있다. 그라피티 1세대 중에는 반달로 불리는 사람과 한국계 미국인인 메눅 같은 사람들도 있다.

외국에 비하면 턱없이 짧은 역사를 가진 한국사회의 그라피티 문화는 최근 '거리 예술'(street art)로 발돋움 중이며 그라피티 작가들의 생계 문제로 인해 그라피티 작가들이 타투(Tatoo)와 그라피티를 결합해 생계를 해결하는 경우도 있다. 동일하게 힙합문화 안에 있으면서도 DJ, 랩(Rap), 비보이 등과 달리 그라피티 문화는 그 갱스터적인 음지문화의 본질 탓에 힙합과는 달리 주류문화 속으로 통합되지 않는다. 2006년 대구 수성랜드에서 그라피티 페스티발이 열리긴 했지만 다른 힙합문화와 달리 양지 속으로 들어오는 속도가 느리다. 물론 그라피티 문화도 나이키 신발 홍보에 이용되는 등 발 빠르게 문화산업 속으로 흡수 통합되고 있고 일본이나 미국의 그라피티 문화와 달리 한국의 그라피티 문화는 그 저항성을 급속도로 상실해 가고 있다. 외국에서는 도시 안의 버려진 공간에 그라피티를 남기고 사라지는 것을 갖고 그라피티 작가의 능력을 가늠하기도 하지만 오히려 한국사회에서는 그라피티 문화 본연의 익명성이나 무명성보다는 태깅(이름 남기기)을 더 선호하는 경향으로 변하고 있다. 물론 태깅으로 인해 인근 구청으로부터 벌금을 받는 사례도 있고, 태깅이 그라피티의 배틀(다른 작가의 그라피티 위에 그라피티를 덧칠하면서 작가들마다의 그라피티 능력을 두고 경쟁하는 것)에 사용되는 것이기도 하지만 태깅은 작가로서의 실체와 상품으로서의 작품이라는 기존의 예술 유통 시스템을 모방하는 쪽으로 기울고 있다는 증거이기도 하다.

DJ나 랩처럼 그라피티가 주류 문화를 석권할지 어떨지는 알 수 없지만 최근 그라피티는 한 편에서는 빠르게 문화산업 안으로 편입되거나 제도화되고 있다. 그라피티 문화는 애초에 상품화되지 않는 것을 지향했다. 그러나 서서히 여러 방식이나 루트를 통해 그라피티 문화는 기존 예술 작품의 유통 경로를 답습하고 있고 하위문화로부터 급속하게 탈출해 나가고 있다. 그라피티는 말 그대로 낙서이고 주로 소유권이 있는 벽에 그림과 글씨를 그리는 작업을 말하는데, 그 소유권이 개인에게 있든 국가에게 있든 그라피티는 단순환 갱스터 문화를 넘어서서 도시 안의 그로테스크한 예술기능을 통해 소유권에 흠집을 내는 문화운동으로도 승

화될 수 있는 것이다. 그라피티 문화의 초창기에는 서울의 압구정 갤러리아 백화점 앞 지하보도에서 그라피티 작가들이 일명 압구리 작업을 하면서 부유한 계층이 거주하는 도시공간을 그로테스크하게 연출하고 지역 주민들과 갈등을 빚기도 하였다. 그러나 이제는 지역의 구청이나 개인, 자영업자들이 나서서 그라피티 작가를 찾고 있고 지원해 주는 형편이기도 하다. 2009년 대구시 중구청이 주최한 방천 프로젝트에 그라피티 작가들이 나서서 거리에 옷을 입히는 그라피티 작업을 했는데, 이것은 그라피티 문화가 서서히 제도화되고 있다는 증거이기도 하다.

그라피티 문화는 노동자의 문화는 아니지만 기존의 문화 혹은 예술과 사회의 제도를 재심하는 문화적 실천의 형태다. 그것은 작가와 작품이라는 기존의 예술제도, 언론에 의해 형성된 공공권으로서의 사회도 부정하는 것이다. 그것은 기존의 예술과 다른 모습으로 거리의 벽에 출현했다가 사라지는 문화다. 그래서 익명성이나 무명성이 그라피티 문화의 특징이 되는 셈인데, 나타나고 숨어버리는 것이 동시적으로 그리고 연속적으로 혹은 단속적으로 나타나는 것이 그라피티 문화의 특징인 것이다. 그라피티 작가는 마치 영국 맨체스터의 스커틀러(scuttler)처럼 도시 속에 익명성의 존재를 알리고 사라지는 하위문화의 주체 같아야 한다.

오늘날 도시 재개발 문제가 터져 나오고 주거 불안정 문제가 심각해지면서 한국사회에도 스쾃(squat) 운동이 벌어지고 있다. 사람들이 살지 않는 집이나 공간을 점거해 스스로 불법자가 되는 스쾃 운동에 비하면 그라피티 문화는 그 불법의 강도가 덜 할 수 있다. 개인이나 국가의 소유권에 일정 정도 흠집을 내는 수준이기 때문이다. 그렇더라도 그라피티 문화는 기존의 우리가 보고 있고 실제로 살고 있는 것과 다른 별도의 예술이자 별도의 사회를 지향하는 것이어야 한다.

히가시 타쿠마(東琢磨)는 「노동의 문화?」라는 글에서 그라피티의 스타일과 사상에 멕시코 벽화 운동이 일부 영향을 주었다고 이야기한다. 그라피티와 벽화는 일면 서로 대립적이라고 볼 수 있다. 양식적으로 볼 때 그라피티를 보통 낙서라고 말하듯이 전자의 주요 요소는 글씨고 후자는 그림이기 때문이다. 그러나 히가시 타쿠마에 따르면 멕시코 벽화 운동이나 그라피티 크루는 인종적 혼성체라는 점에서 별반 차이가 없다. 특히 공공 공간에 전개되는 예술로서 벽화와 그라피티는 매우 유사한 것이라고 말할 수 있다. 그러나 주로 구청 등 국가 기관에 의해 주도되는 벽화의 경우에는 지역의 공동체와 협동적 관계를 유지하고 정식 절차를 밟아 수행되는 프로젝트이지만, 그라피티는 그러한 존재가 아니다. 벽화가 위로부터 강제되는 예술이라면, 그라피티는 아래로부터 욕망되는 예술이기 때문이다. 또한 많은 경우 그라피티는 비합법적이고 영속적인 것도 아니다. 물론 오늘날 한국사회에서 그라피티는 국가 주도의 벽화처럼 제도화되고 있지만, 다른 한 편에서 보면 벽화를 그림으로써 그라피티를 억제하는 효과가 나타나고 있다는 사실에 더 주목해야 할 것이다. 그러니까 한 편에서는 그라피티를 양성화하고 양성하는 것처럼 보일 수 있지만 다른 한 편에서는 그라피티 문화를 억압하는 일이 동시에 발생하고 있다.

그라피티는 벽화와 유사한 측면도 있지만 판화를 모태로 하여 만들어진 정치적 포스터에 가까운 것이다. 이 점은 그라피티와 판화가 각각 담당하고 있는 사회적이고 정치적인 기능이나 의미에 의한 공통성이라는 것에만 머무르는 것이 아니다. 오늘날 한국사회에서 선거 때마다 등장하는 선거벽보가 흉물스러운가, 아니면 그라피티가 흉물스럽고 기분 나쁜 것인가. 그라피티의 사회적인 기능은 기존의 정치와는 다른 의사소통 구조를 요구한다. 선거 때마다 등장하는 요란한 구호의 벽보와 플랫카드에는 아우라가 없다. 거기에는 노골적으로 표밭만 훑으려는 맨살의 욕망이 우글거리지만, 그라피티는 노동의 현장, 생활의 현장으로 열려져 있는 예술적인 표현이다. 기존의 정치에 의해 억압된 아래로부터의 욕망이 표출되는 공간이 그라피티의 공간-벽인 것이다.

하위문화인가, 대항문화인가

그라피티가 제도화, 상업화되고 문화산업에 흡수되어 가는 한국사회와 달리 일본이나 미국의 경우에는 그라피티에 갱스터 문화적인 기질

이 그대로 남아 있다. 일본의 경우에는 그라피티 자체를 즐기는 경우도 있다. 물론 한국사회에서만 그라피티가 제도화되는 것은 아니다. 독일의 경우 그라피티 작가인 다임(Deim) 같은 경우에도 지하철의 열차 전체를 그라피티로 버밍하기도 하였다. 대구의 경우 대봉 지하도에서 볼 수 있는 그라피티의 경우가 그러한 예이다. 중국 같은 경우에는 그라피티의 역사가 한국보다 짧지만 상형문자인 한자의 속성 상 그라피티 운동이 훨씬 더 활성화될 잠재력을 갖고 있다. 일본의 경우 이제는 그라피티 자체를 즐기는 흐름이 생겨났지만 1995년-1998년 사이에 무준이치로우(武盾一郎)라는 작가가 신주쿠 시의 지하에 골판지로 집에 페인팅을 한 일이 있었다. 이 당시의 작품과 사진은 남아 있지만 원본은 남아 있지 않은데 당시 그 그림은 시당국의 탄압을 받았다. 무준이치로우는 그 당시 홈리스들에게 그림을 그려 주었던 것인데 1996년 홈리스들을 쫓아내고자 도에서 설치한 원통이 비스듬히 잘려 있는 오브제에 그림을 그려 주다가 체포되어 구류까지 살았던 사건이 일어났던 것이다. 그런데 우연인지 모르지만 베네수엘라-중미-멕시코에 이르는 마킬라도라 지역에 '골판지의 집'(Casa de Carton)이라는 노래가 잘 알려져 있다. 이 노래는 베네수엘라의 요절 가수 알리 프리메라(Ali Primera, 1942-1985)라는 사람이 1970년경에 만든 것으로서 베네수엘라의 대항문화 세대가 주도한 '새로운 노래' 운동 속에서 나온 것이다.

<저항을 노래하고 착취와 억압을 저주한 알리 프리메라의 동상>

러시아의 그라피티를 연구한 존 부쉬넬(John Bushnell)은 구 소련의 그라피티를 하위문화의 관점에서 파악한다.

하위문화의 역사는 대개 소비에트의 공개적인 그라피티 역사와 인접해 있다. 왜냐하면 그라피티가 하위문화를 발생시키고 규정하며 유지하는 데 중요한 역할을 해왔기 때문이다. 그래서 우리는 그라피티에서 하위문화의 사회문화적인 속성들을 많이 읽을 수 있다.[5]

그라피티의 사회 정치적인 기능에 대해서는 앞에서도 말한 적이 있

5. John Bushnell, *Moscow Graffiti* (Unwin Hyman Inc., 1990), pp. 215-216.

다. 그러나 그라피티에 사회 정치적인 기능이 있다고 해서 그라피티가 하위문화에 속하게 되는 것은 아니다. 하위문화의 출현은 1950년대 영국의 이스트 엔드에서 출현한 노동자계급의 문화이기 때문에 무엇보다도 먼저 하위문화는 계급성과 떼어내어 생각할 수 없다. 따라서 엄밀하게 말해 문화이론적으로 볼 경우 그라피티가 하위문화에 속한다고 규정할 수 없다. 따라서 그라피티는 개인주의적이고 중산층 중심의 대항문화는 될 수 있을지언정 진정한 의미에서 하위문화라고 보기는 힘들다. 그러나 거꾸로 앞에서 본 일본의 경우에는 골판지 그라피티 작업이 개인의 것이긴 하지만 홈리스들과 연관되어 있다는 점에서 하위문화적이라고 말할 수 있다. 그러므로 그라피티의 작업 주체가 누구인가가 그라피티가 하위문화에 속하는 것이냐 아니냐를 결정하는 요소이지, 그라피티 자체가 하위문화라고 말할 수 없다는 것이다. 물론 부쉬넬이 말하듯이 구 소련의 그라피티가 영국의 하위문화와 유사한 점이 있고 파추코 스타일을 따라 이루어진다는 점에서 하위문화적이라고 말할 수 있다. 파추코(Pachucos)는 멕시코의 철도 노동자가 입는 옷 스타일을 재현하는 문화로서 흡사 영국의 스킨헤드족처럼 하위문화적인 라이프스타일을 따른다고 말할 수 있다. 이러한 점들을 고려하면 하위문화라는 것은 탄력적인 개념이라고 말하는 것이 가능할 수도 있다.

구 소련의 그라피티에서도 찾아볼 수 있는 것이지만 그라피티에서 언어는 대단히 중요한 기능을 한다. 구 소련의 그라피티에서 가장 뚜렷한 특징은 영어를 사용한다는 점이다. 물론 영어가 하위문화만의 특징은 아니지만 구 소련의 경우 그라피티 작가들이 서구문화와 자국의 대중문화를 구별하고 헤비 메탈 록 뮤직, 비틀즈, 펑크, 반핵운동 등 서구적인 지시물을 가진 그라피티의 경우에는 영어를 사용하고, 자국의 대중문화를 가리킬 때에는 러시아어만 사용한다는 점이 특징적이다. 우리의 경우 그라피티 문화가 한글의 가능성을 타진 중이긴 하지만 여전히 서구 추종주의에 매몰되어 있다는 점에서 구 소련의 그라피티와의 차이를 발견할 수 있다. 물론 한국의 그라피티 문화가 거의 영어만 사용하는 것을 어떻게 봐야 할지 더 성찰이 필요한 일이지만 수입된 서구의 문화를 익히지 못하는 것도 문제일 것이다. 그러나 그와 동시에 그라피티와 한글의 접목을 통해 한국적인 것이 세계적인 것이라는 구호에만 매몰되는 것도 문제일 것이다.

그라피티 작가들은 하나의 언어적이고 사회적인 공동체를 구성한다. 그러나 한국의 경우 언어는 그라피티 문화에서 별 의미를 갖지 않는다. 특히 예술이 아닌 그라피티가 예술의 영역을 넘보면서 한국의 그라피티는 언어보다 그림에 더 큰 비중을 두어 간 것으로 보인다. 은어라고 표현되는 별도의 언어는 그것을 생산하는 집단과 떼어서는 이해될 수 없다. 그라피티 문화는 일종의 은어 공동체(argot community)를 지향하

기 때문이다. 구 소련의 경우에는 1970년대부터 구 소련 사회를 비판하는 브이소스키 같은 음유 시인이 활동했고 빅토르 최의 스승인 그레벤쉬코프 같은 가수가 밴드를 주도했으며 그라피티가 이러한 록 음악과 일정 정도 관계를 가지며 발전해 왔기 때문에 그라피티와 언어의 관계가 성립할 수 있었지만 한국에 그라피티가 들어온 시기는 대항문화적인 음악 자체가 사그라진 후였기 때문에 음악과 그라피티의 상호 보완 작용 같은 것이 나타날 수 없었다. 유럽의 여피적인 하우스 음악과 일본의 댄스 음악이 결합된 테크노 음악이 주류를 이루던 때에 그라피티가 그 이전의 저항적인 음악을 대체하기에는 그 자체가 역부족이었던 것이다.

그라피티 문화는 기존 사회에 대해 순응하지 못하는 젊은이들의 문화다. 그라피티는 정의상 그리고 일상적인 실천에서도 공식적인 제도의 숲 안에서 사회적 공간을 확보하지 못한다. 공식적인 제도들은 그라피티 작가들을 사회의 주변부로 밀어낸다. 그러나 다른 한 편에서 그라피티 문화는 기존의 제도 속으로 편입하려는 욕구를 드러낸다. 주변부에서 중앙으로 진출하고자 하는 것이다. 그리하여 공개적인 퍼포먼스를 지향하는 그라피티 문화가 그 원래의 속성을 상실해 가기도 한다. 바흐찐이 말한 대로 그라피티는 비공식문화의 영역에 속하는 것이기 때문에 기존의 문화—지배문화 혹은 소비문화—를 뒤집는 카니발적인 기능을 수행해야 한다. 얼마 전 한국의 그라피티 1세대 작가인 정순석 씨가 대구MBC <문화요> 프로그램에 출연했다. 그라피티 문화를 알리려는 목적이었겠지만 그라피티 작가의 활동 공간은 어디까지나 거리다.

3. 클럽문화와 언더문화

대구는 특이한 곳이다. 이것은 공간이 박스형으로 되어 있다는 대구의 외형을 지적하는 것이 아니다. 대구에는 '시내'가 존재한다. 부산 같으면 동네가 있고 동네마다 클럽이 있지만 대구에는 시내라는 것이 있고 그 시내에 모든 것이 존재한다. 젊은이들의 소비 공간인 로데오 거리와 동성로가 비록 서울의 그것을 흉내낸 것이긴 하지만 대구 시내에는 밴드의 탄생 공간인 클럽, 합주실이 존재한다. 여기서 클럽이란 나이트클럽처럼 상업주의적인 소비 공간으로서의 클럽을 가리키는 것이 아니라, 대구의 언더문화가 살아 숨쉬는 공간으로서의 클럽을 가리킨다. 다행스럽게도 나이트클럽은 대구 시내 외곽으로 밀려나 있고 언더밴드들이 공연하는 클럽은 대구 시내에 몰려 있다. 또 한 가지 대구의 특이한 점은 서울의 대학로처럼 일정한 문화적 집합 공간이 존재하지 않음에도 불구하고 대구의 클럽문화가 끈기있게 생존해 왔다는 사실이다. 대구의 힙합도 그렇지만 합주실에서 기량을 쌓아 클럽에서 공연하고 대구의 언더밴드 문화를 일구어 온 '슈프림 팀' 같은 경우 서울로 진출해 활동하기도 했다.

대구 클럽과 언더밴드의 역사

대구에는 영국식의 하위문화가 존재하지는 않는다. 그러나 1990년대부터 대구 시내에 합주실과 클럽들, 그리고 카페들이 생겨나기 시작했다. 들안길, 상인동, 명덕네거리, 범물동 일대 등에 대구에도 새롭게 기존의 주류 문화와는 다른 문화적 흐름을 주도할 합주실과 클럽들이 나타났다. 밴드들은 버스킹(busking)이라는 거리 공연을 하고 거리 공연이 클럽의 공연으로 이어지면서 자신들의 존재를 대중들에게 알리기 시작한다. 그러다가 힙합 트레인(hiphop train)이라는 공연 브랜드를 얻으면서 명실상부한 언더문화의 한 자리를 차지하게 된다. 앞에서 말한 슈프림 팀도 힙합 트레인이라는 공연 브랜드를 타고 서울에 진출한 경우다.

지금은 대명동 계대가 성서 지역으로 건물 대부분을 옮기면서 분위기가 죽었지만, 2000년대에는 소호, 헤비, 레드 제플린 등 대구의 언더문화를 주도하는 클럽들이 많이 존재했었다. 지금은 헤비가 소호를 인수하고 대명동 계대 쪽으로 이사 왔고 소호는 과거의 언더문화의 흔적으로 남게 되었지만 계명대가 대명동에 있었을 때는 대구 언더문화의 메카가 대명동에 있었다. 대구 민예총 기획국장인 배두호 씨는 다음과 같이 대구 클럽의 역사를 이야기한다.

이러한 합주실등의 공간의 시작은 1990년대 후반부터 들안길과 범물동 일대에 음악 작업실이라고 할 수 있으며 켐프헨리와 켐프워커 등지의 모리슨 같은 소위 '락까페'들이 우후죽순 생겨난 때도 있었다. 하지만 이런 움직임들이 시내에 쟁이, 락크로스 등의 카페와 명덕 일대와 대명동 일대에 소리 공간, MD, 필인 등의 연습실이 생겨났으며 대명동 계대를 중심으로 클럽헤비(예전 헤비네), 집시락과 레드제플린, 소호 락 스페이스 등 대학가 분위기를 내는 다수의 클럽들이 만들어지면서 점차 전문화된 클럽으로 성장을 하게 된 것이다.6)

---

6. 배두호, "인디(Indie)가 무엇이더냐: [문화비평] 젊은 음악인의 주장", http://www.

　한국사회가 한강의 기적 시기를 지나 자본주의의 위기를 소비자본주의의 형태를 통해 극복해 나갈 무렵 전국적으로 신세대 문화 논쟁에 불이 붙었고 문화 관련 잡지들이 생겨나기 시작했다. 그 때가 1990년대 초였다. 그 후부터 대구 언더문화의 전성기라 할 수 있는 2000년대 초반까지 대구에는 락카페, 합주실, 클럽 등 언더문화가 꽃필 수 있는 문화적인 공간이 대거 존재했었다. 2000년대 초반 당시 대구 MBC가 텔레콘서트를 열어 대구의 언더문화를 소개하는 프로그램이 있었을 정도로 당시 대구에서 언더문화는 많은 대중들을 음악 공간으로 불러들였다.

　언더문화가 인디문화와 다르고 언더문화나 인디문화를 하위문화로

onjang.or.kr/news/article.html?no=422

볼 수는 없지만 언더문화와 인디문화는 당시 상업적이고 소비지향적인 지배문화에 대항하는 대안문화의 형태로 부상한 것이었다. 1990년대 이전까지 탈춤운동이 지배문화에 대한 저항운동의 성격을 가진 것이었다면, 그 후 언더문화와 인디문화는 자본주의적인 소비문화에 대한 대안운동의 성격을 갖고 있었다. 언더문화를 이끌어가던 밴드들 자체가 소비문화에 대해 의도적으로 맞선 것이라고 볼 수는 없지만 언더그라운드에서 이루어지는 문화적인 형태 자체가 오버그라운드 중심의 문화와 대립했다는 점에서 언더문화와 인디문화가 그러한 성격을 결과적으로 가질 수밖에 없었다고 말할 수 있다. 그리고 언더문화와 인디문화는 군사독재라는 상황이 강요한 군사문화에 대항한 대학가문화와 달리, 자본주의적이고 소비적이며 상업주의적인 문화라는 지배문화에 대한 대안이었고, 그러한 대안적인 흐름이 합주실, 락카페, 클럽들을 중심으로 자발적으로 이루어졌다는 특징을 갖는다. 이러한 측면에서 언더문화와 인디문화가 노동자계급적인 성격을 드러내는 문화적인 표현은 아니었지만 지배문화에 대한 부상문화로서의 기능은 어느 정도 완수했다고 보여진다.

1990년대부터 2000년대 초까지 많은 클럽들이 존재했지만 그 중에서 대구를 대표하는 클럽은 1996년부터 문을 연 클럽 헤비와 클럽 라이브인디였다. 지금 라이브인디는 존재하지 않고 클럽 헤비가 소호를 인수하면서 대구의 언더문화의 큰 줄기를 이어오고 있다고 할 수 있다. 클럽

혜비는 1996년 언더그라운드 밴드인 '쓰레기는 반으로 재활용은 두 배로'라는 밴드와 '황무지' 밴드의 연습실을 개조해 만든 최초의 클럽이었으며 클럽 라이브인디의 경우에는 2000년 경명여고 앞의 합주실을 리모델링해 합주실 공연장으로 쓴 것이 시작이었다. 현재 대구에는 클럽보다 합주실이 더 많지만 당시 클럽으로는 혜비, 라이브인디 외에 안영찬의 클래쉬 등 다른 클럽들도 존재했다. 현재 클럽 혜비의 주인인 신은숙 씨는 전체적으로 인디문화가 부상하기 시작하던 때의 대구와 서울의 모습을 다음과 같이 회상한다.

그렇게 96년 2월에 대망의 혜비의 첫 공연 스타트를 끊게 되었습니다. 그저 뿌듯하고 행복하고 그런 기분이…었는지 어떤지 사실 기억이 없어

요. 남아있는 기록을 보니 TYO와 포르노라는 두 밴드네요. (그 당시의 TYO 밴드는 2년 전부터 다시 헤비에서 공연을 하고 있는 직장인 밴드입니다.) 서울은 드럭에서 활동하는 크라잉 넛이 막 인기를 끌면서 드럭이 이름을 날릴 무렵인데요, 그와 더불어 인디 1세대라고 부르는 90년대 초반의 인디락씬은 이렇게 서서히 홍대에서 부흥기를 맞이하였습니다. 언니네 이발관, 크라잉넛, 노브레인, 델리스파이스, 코코어 등등 최고의 밴드들이 지금은 전설로 남은 대활약을 하는 시기였기에 그 시절의 대구락씬은 서울에 비해선 전체적으로 어쩔 수 없는 차이가 날 수밖에 없었어요.7)

클럽 헤비는 1996년부터 2008년까지 약 2,500여 회 공연을 해왔다. 1996년 문을 열 당시 포르노, TYO 밴드가 클럽 헤비를 거쳐 간 이후, 지금까지도 많은 밴드들이 클럽 헤비에서 언더문화를 즐기는 대중들과 만나고 있다. 2009년 11월 클럽 헤비에서는 우드 스탁 페스티발 때부터 실험해 왔던 라운드 로빈(round robin)이라는 형식으로 언더밴드들이 공연을 이어오고 있다. 라운드 로빈이란 관객들을 밴드들이 둘러싸고 돌아가며 공연하는 것으로 이 때 관객들은 밴드들을 순서대로 돌아가며 만나 음악을 듣고 밴드와 같이 몸을 흔든다. 필자가 관객으로 참여했던 라운드 로빈 공연에는 사형집행자, 야마가타, 사이보그 등 다섯 밴드가 열

7. 신은숙, "신은숙의 헤비 이야기(2)", http://www.onjang.or.kr/news/article.html?no=471

<대구 시내 클럽의 예시도>

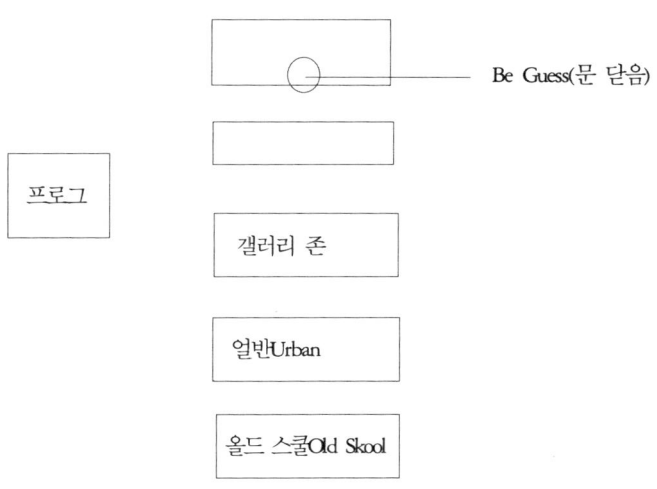

정적인 공연을 펼쳤다. 최근 대구에서 생긴 현상이고 대구 특유의 현상이긴 하지만 대구 시내가 가진 공간의 특성으로 인하여 많은 외국인들이 대구의 클럽을 찾고 있고 스스로 밴드를 결성해 활동하기도 한다. 서울처럼 넓지 않고 오히려 협소한 공간 때문에 클럽문화에 접근하기가 쉬운 것이 대구의 특징이자 장점이기도 하다. 외곽에서 대구 시내로 접근하기가 용이하기 때문에 한국을 관광 목적으로 찾는 외국인들이 대구를 선호하는 경향이 있고, 영어 열풍에 휩싸인 한국사회의 교육 때문에 왜곡된 것이기는 하지만 대구 소재 영어 학원에서 돈을 버는 외국인 강사들이 많은 것도 대구에 주류 문화와 다른 문화적 흐름이 나타나는 데

기여하고 있는 것이다.

대구에는 앞에서 말한 것처럼 '시내'라는 것이 존재하고 서울, 부산처럼 다중심적인 공간을 이루지 않지만 오히려 그러한 일극적인 중심으로서의 시내가 언더클럽들의 활성화에 일조하고 있는 것이다. 필자가 가본 대구 시내의 '얼반'은 클럽은 아니지만 밤 10시 경만 되면 외국인과 내국인으로 발 디딜 틈이 없고 외국인들이 자발적으로 밴드 공연을 하기도 한다. 더욱 놀라운 것은 외국인들 친구나 지인들이 캐나다 등 외국에서 직접 '얼반'으로 장비 등을 가져와 공연을 한다는 사실이다. 대구 민예총 배두호 기획국장과의 인터뷰에 따르면 대구에 일시적으로나마 거주하는 외국인들은 한국의 텔레비전에 나오는 문화에 식상해 있어서 자기들 스스로 이러한 클럽 활동을 하고 있다는 것이다. 대구 시내에 모여드는 외국인들은 클럽에도 갈 뿐만 아니라 한일극장 같은 개봉관에서 영화도 보는 등, 언더문화와 주류문화를 다양하게 섭렵하는 데 반해, 내국인들은 거의 대다수가 기존의 주류 문화에만 빠져 있고 지배적인 주류 문화와는 다른 언더문화에 대한 인지도가 상당히 낮다는 것이다.

본서의 다른 곳에서도 지적한 바 있지만 대구시는 칼라풀 축제니 오페라의 도시니 하면서 정작에 젊은이들은 그러한 행사성 축제에서 배제시키고 있다. 의도적인 것은 아니겠지만 결과적으로 대구시에 청소년 문화정책 내지는 문화정책이 부재하고[8] 그저 전시성 내지는 국가 주도의 정책만 추종한 결과 대구의 문화를 이끌어갈 청사진을 제시하지 못하고 있는 것이다. 그 탓에 젊은이들은 로데오 거리나 동성로를 전전하면서 소비문화에 익숙해지고 10대들은 입시 위주의 교육 때문에 문화자체에 접근하지 못함으로써 자연스럽게 청년들이나 10대 아이들이 문화에서 배제되는 결과가 빚어지는 현상이 지속되고 있는 것이다.

필자도 1990년대 초 옛날 제일서적 정문 건너편에 있는 클럽 쟁이에서 언더밴드 공연을 본 기억이 있고 그 당시 명멸해간 클럽들 이야기를 들은 바 있지만 그 후로부터 지금까지 대구에서는 연극, 춤, 밴드, 힙합, 그라피티 등 문화적인 다양성이 불연속적으로 드러나고 있었다.

현재 대구에는 헤비 외에 올드 스쿨, 레드 제플린, 지투, 엠케이, 프로그 등 많은 클럽들, 그리고 합주실이 존재한다. 대구에는 '클럽 데이'라는 날이 있고 그 때만 되면 많은 젊은이들이 자기들의 에너지를 클럽에서 마음껏 쏟아낸다. 이 클럽들은 언더클럽이라고 말할 수 있다. 물론 지투 같은 클럽에서는 이효리가 공연한 바 있기도 하지만 그렇다고 해

---

8. '청소년'이라는 말 자체가 반인권적이라는 점은 두말할 필요가 없다. 청소년들이라는 말은 아이들을 영원히 '어린아이'로 묶어두려는 이데올로기의 결과물이다. 마치 귄터 그라스의 『양철북』에 나오는 아이처럼 지적이고 정신적으로 영원히 성장하지 못하는 주체를 길러내는 것이 한국사회의 교육, 문화정책이고 이것은 궁극적으로 아이들을 국가에 복종하는 주체로 길러내는 데 기여하게 된다. 최근 KBS <미수다> 프로그램에서 물의를 일으킨 호빗남 파문은 육체적으로만 키가 클 뿐 정신적으로 무뇌아 같은 주체들이 한국사회에서 대량으로 생산되고 있다는 사실의 반증이다.

밴드 아프리카 공연 모습

서 언더클럽으로서의 이름이 훼손되는 것은 아니다.

지금도 대구 시내에서는 매달 셋째 주 금요일마다 '클럽 데이'가 열린다. 이 날엔 티켓 한 장을 구입하여 그 티켓 한 장으로 대구 시내에 있는 클럽들을 돌아다니며 밴드 공연을 즐길 수 있다.

그렇다면 대구 클럽에서 활동하는 언더밴드, 인디밴드의 역사는 어떤가? 루머, 해머, 투타운, 815, 데몰리샤 등 많은 밴드들이 명멸해 갔고 지금도 대구 시내 클럽에서 활동 중이지만 대구의 밴드 중에서 역사적으로 중요한 밴드는 과거의 '815밴드', 지금도 간간이 활동하는 '스트라이킹유스'와 지금도 활동하는 가족밴드인 '아프리카밴드'가 있다. 주지하다시피 언더밴드는 매니저나 에이전시가 있고 인디밴드는 독자적인 앨범 생산과 유통 및 분배를 하기 때문에 별도의 매니저나 에이전시는 없다. 대구 밴드 중에 투타운 밴드는 인디밴드였다. 인디밴드는 일하면서 음악을 하는 직장인에게 어울리기 때문에 직장인밴드라고도 불린다. 물론 일하면서 돈은 벌지만 주업은 음악이다. 지금 활동 중인 아프리카 밴드는 오렌지라는 에이전시 밑에서 활동하고 있고 최근 결성된 데몰리샤 밴드는 에이전시 타오놀 소속 밴드다.

815밴드는 대구만이 아니라 전국적으로도 큰 인기를 얻었던 밴드이고 힙합의 역사에서 초기에 속하는 대구 힙합 그룹 중의 하나인 MHIS의 결성에도 큰 영향을 끼쳤다. 815밴드는 초기 대구 YMCA에서 마련해 준 컨테이너에서 청소년 프로그램을 하면서 현재 청소년 락커뮤니티인 '락틴즈'를 탄생시키는 데 기여했다. 815밴드는 당시 대구의 인기에 힘입어 최고의 주가를 올리던 음악전문 인터넷 커뮤니티였던 '벅스뮤직'과 계약을 하고 승승가도를 달리다가 1집을 발표한 후 멤버의 잦은 교체로 인해, 또 음반 시장의 변화에 발맞추지 못해 해체되었다. 배두호 대구민예총 기획국장은 815밴드가 서울 시스템에 연결되어 큰 호응을 얻었지만 오히려 지역적 특성을 살리지 못하고 그 시스템에 의해 무너진 경우라고 파악한다. 그러나 다이나믹 듀오가 매니저로 일한 대구의 슈프림팀 같은 경우에는 서울에서 성공을 거두기도 했다. 4인조 락밴드 아프리카의 경우에는 보컬과 베이스 기타를 치는 뮤지션이 서로 부부이고 가족끼리 하는 밴드이기 때문에 다른 밴드보다 결속력이 강하다. 오렌지라는 에이전시 밑에서 일하기 때문에 아프리카 밴드는 엄밀하게 말해서 인디라기보다는 언더그라운드 밴드라고 말할 수 있다. 아프리카밴드는 대구에서 음반을 제작하고 판매하면서 꾸준하게 활동하고 대구 시민단체와도 협력하는 등 활발하게 움직이고 있으며 대구에서뿐만이 아니라 전국적으로도 인정받고 있는 밴드이자 대구의 언더뮤지션 사이에서도 대선배 밴드로 귀감이 되고 있다. 최근에 아프리카 밴드는 멤버 개인들이 학원을 경영하는 등 안정된 수입을 확보한 후 밴드를 경영하는 새로운 방향으로 가고 있다. 스트라이킹유스 밴드는 인디뮤직을 하는 밴드이다. 인디뮤직은 제작, 유통, 시장을 자체적으로 개척하는 과정을 거치는데 스트라이킹유스 밴드는 OMADO레이블(rabel)을 통해 활동한다.[9] OMADO 레이블은 GMC레이블과 함께 전국적으로 최초의 펑크/하드코어의 장르적인 특성을 갖고 있다. 스트라이킹유스 밴드의 특성은 다음과 같다.

이들은 같은 동네에서 연습실을 쓰는 밴드들끼리 교감을 나누며 녹음작업, 시디제작, 스케줄관리, 타 레이블과의 교류, 프로모션 등을 자체적으

---

9. OMADO레이블은 비슷한 성격의 밴드들을 모아 크루(CREW)를 만들고 하나의 독립적인 유통구조를 만들었다.

로 진행했다. 이들은 서울 측의 GMC레이블 등의 비슷한 움직임들과 교류를 하며 유럽과 일본 등 해외에 자신들의 음악을 프로모션하는 등 활발한 활동을 했었다. 또한 이들은 밴드뿐만 아니라 음악 외적인 사람들과 함께 다양한 MD(Merchandize)와 팬진(fan-zine) 등을 만들어 매개로 또 다른 수용자층과 함께 표현하고 만들어 내었는데 이러한 매체와 제작물들은 조잡한 품질과 자신들만이 이해할 수 있는 언어와 내용, 그리고 특유의 키치함으로 도배가 되어 있었다. 이는 일종의 펑크문화 중에 근래 주목받고 있는 일종의 브리콜라쥬(bricolage) 행위로 시민작가의 개념을 지역에서 토속화하는 과정의 하나로 해석했다고 봤을 때 굉장히 괄목할 만한 현상이라 할 수 있겠다. 즉 이들은 지배적인 문화나 지배적인 집단과는 브리콜러로서 행동했다는 것에서 진정한 인디언이라고 볼 수 있다. 또한 독자적인 유통라인인 디스트로(DISTRO, distribution)를 통해 자신들만의 유통구조를 구축했다는 점은 진정한 의미에서 펑크 특유의 DIY 정신에 입각한 인디뮤직임에 틀림없다.10)

815밴드, 아프리카밴드, 스트라이킹유스밴드 말고 2000년대에 들어와 새로운 밴드들이 활동하기 시작했다. 특히 2002년 월드컵을 계기

---

10. 배두호, "도대체 하드코어펑크가 뭐지?: [문화실험실]새로운 문화—데몰리샤", http://www.onjang.or.kr/news/article.html?no=424. DIY정신이란 Do it yourself의 약자다.

로 하여 대구에도 축제분위기가 형성되었고 이러한 분위기에 맞추어 클럽들이 우후죽순처럼 생겨나기 시작하였다. 그러나 기존의 클럽 오너들 사이에 동업자 의식이 없고 자본력이 취약한 이유로 인해 클럽에서 밴드공연을 정기적으로 만들어내지 못함으로써 문을 닫고 말았다. 게다가 이보다 더욱 중요한 이유는 첫째 월드컵 같은 분위기에 편승하여 사업을 확장하려고 한 탓에 있었다. 대구 민예총 배두호 기획국장은 이것을 두고 '문화개발주의'라고 표현하는데, 매우 적절한 표현이라고 할 수 있다. 두 번째는 클럽들 상호간의 소통의 부재 내지는 담합주의에 있다. 앨범을 내는 인디053레이블의 경우 클럽 헤비와 상생의 관계에 있지만 클럽 라이브인디는 클럽 헤비에서 공연하는 밴드를 세워주지 않는 등 클럽들 상호 간에 세력을 형성하는 심각한 문제가 나타나기도 했다.

815밴드가 간간이 움직이고 아프리카 밴드는 대구에서 자리를 잡고 활동하고 있다. 최근 주로 쇼 즉 공연을 하는 데몰리샤 밴드가 만들어졌다. 싱클레어 밴드를 이끌기도 했던 배두호 대구 민예총 기획국장은 데몰리샤(DEMOLISHA, 데몰리션의 은어)를 만들어 번더대구시티 행사 총 8회, 데몰리샤 총 6회 공연을 해오면서 근 3년이 넘게 활동하고 있다. '사형집행자' 밴드 싱어와 같이 일하기도 하는 데몰리샤는 현재 대구에서는 물론 전국에서도 드물 정도로 장수하고 있는 공연 브랜드이다. 데몰리샤는 대구의 밴드, 혹은 기획사가 만든 것이 아니라 밴드와 청음자가 직접 교류하여 공연 기획을 자체적으로 진행시켰다. 2002년 월드컵 영향으로 당시에 자발적으로 생겨난 마니아들은 그 후 MAVEN으로 다시 태어났는데 이들은 커뮤니티 안에서의 단순 정보 교환에 만족하지 못하고 스스로 콘텐츠를 생산해 내기 시작했다. 그들은 스스로 공연을 기획함으로써 밴드의 아트워크(디자인, 포스터, 팬진) 등을 만들어 냈고 밴드와 더욱 더 친밀한 커뮤니티를 형성해 가기 시작했다. 데몰리션은 바로 이러한 상황을 바탕으로 형성된 것이다. 인디가 문화를 생산, 유통, 분배하는 것이라면 MAVEN은 스스로 문화생산자이면서 동시에 문화를 향유하고 소비하는 주체 역할을 한 것이다. 이렇게 문화의 주체가 소비자이면서 동시에 생산자인 프로슈머의 모습이 대구의 인디 씬(scene)에서 처음으로 나타났다는 데에 데몰리샤 밴드의 가장 큰 특징이 있다.

대구 클럽문화의 미래

한국 자본주의가 소비자본주의로 넘어가고 신세대문화가 만들어진 이후 2002년 월드컵을 계기로 하여 대구에서도 인디 내지는 언더문화의 에너지가 폭발적으로 증가하였다. 오늘날 대명동 계대가 성서로 이사함에 따라 과거의 밴드문화의 불꽃은 사그라졌지만 현재 대구에서 언더문화는 다시 숨을 고르고 있는 중이다. 지독한 입시 지옥의 현실에서도 학원, 합주실에는 청소년들이 넘쳐나고 있다. 대구 YMCA에서는 아이들이 힙합에 열중하고 있다. 많은 뮤지션들이 인디 현장을 떠나가고 먹고 사는 문제 때문에 '인디상업주의'가 생겨났지만 이 모든 악조건들을 뚫고 대구에서 밴드문화는 새롭게 비상할 준비를 하고 있다. 방송국 PD 한 사람만 언더문화에 눈길을 돌려도 다시 불붙을 정도로 대구의 클럽문화의 미래는 그리 어둡지만은 않다. 클럽 간의 소통 부재의 문제, 세력권의 문제 등도 있지만 프로슈머로서의 문화적인 주체들이 대구의 언더 씬에 나타날 채비를 갖추고 있다. 2009년 현재 락 밴드들이나 힙합 그룹들은 홈레코딩으로 얼마든지 좋은 질로 음반을 만들어내고 있고 인디라는 독립적인 시스템의 제작구조도 만들어져 있다. 한마디로 말해 대구의 인디에너지는 결코 사라지지 않았다. 물론 이러한 에너지가 지배적인 상업주의 문화에 영향을 미칠 정도로까지 발전하지 않은 것도 사실이다.

그러나 대구는 애국폭행개슬램담이라는 이름의 동호회가 다음 카페를 중심으로 하여 청음자 커뮤니티 활동만 벌인 것이 아니라 클럽 헤비, 다록 레이블과 연계하여 '화이팅 라이브'라는 공연기획을 만들어낼 정도로 문화적 생산에 대한 욕구가 강한 곳이다. 2005년에 대구에서 생겨난 매드득 커뮤니티는 대구시티, 번더 더 서울 시티 등 하드코어/펑크

번더대구시티 포스터

페스티벌을 자신들의 손으로 직접 만들어 내기도 하였다. 그리고 이들의
활동은 이제 게릴라 리그의 밴드 커뮤니티인 발라즈 크류(ballaz crew)에
의해 이어져 오고 있고, 그 산물로서는 6회째 공연을 해오고 있는 데몰
리샤가 있다. 오늘날 언더그라운드 밴드는 잠재적인 소비자에 의해 마이
스페이스, 유튜브를 통해 끊임없이 검증을 받아 실력과 대중성을 검증받
고 있다. 인디 1세대인 바세린의 음반 판매율을 보면 주류 음악에 비해
언더그라운드 음악의 위치를 충분히 가늠해 볼 수 있다. 2004년 하드코
어 밴드 바세린의 음반 판매고는 여성 댄스그룹인 베이비 복스의 음반
판매량을 능가하였다.

| 결론 |

　　문화란 정치경제, 문화, 사회라고 하듯이 하나의 부문에 국한하지 않는다. 또한 문화는 상부구조에 속하는 것이 아니라 이미 물질적이다. 따라서 토대의 문제도 포괄하는 것이다. 본문에서 들뢰즈의 논의를 따라 살펴본 것처럼 문화는 경제, 사회 옆에 순차적으로 존재하는 것이 아니라 실재적 결합관계와 그 항들을 모두 포괄하는 것이다. 따라서 문화연구란 문화의 물질성을 탐구하고 사회 안에 배치되어 있는 모든 구조를 연구하는 것이다. 본서에서 대구의 개발 및 재개발 문제를 들어 문화연구와 접목시키고자 한 것은 그 때문이다. 영국에서 하위문화 연구가 도시 개발 문제와 연관되어 있는 것처럼 문화연구는 하위문화를 낳게 만든 도시 개발 문제, 교육 문제, 세대 문제 등과 복잡하게 얽혀 있고 이것은 대구 경북 지역의 경우에도 마찬가지다. 신천의 동쪽인 수성구는 교육 특구 같은 기능을 하고 있고, 노동자계층이나 빈민층이 거주하는 그 서북쪽은 문화적인 공백 지대라고 할 수 있다. 대구라는 도시가 개발과 교육면에서 점차 양극화되어 가고 있고, 문화를 통해 이 양극화 현상은 더욱 계급적인 양극화 현상으로 나타나고 있다. 이것은 이 책의 '대구의 지리정치학'에서 살펴본 대로다. 대구 경북에는 국가와 자본 주도의 문화와 예의 그렇듯이 여기에서 한 걸음 벗어나 있는 문화의 형태들이 공존한다. '대구 경북 지역의 문화지형'과, 이것을 좀 더 자세하게 도표화한 '대구 경북 지역의 문화생태계'에서 살펴본 대로다.

　　이러한 바탕 위에서 본서에서는 하위문화가 영국에서 생겨났던 시기의 문제를 좀 더 깊이 다루어보고, 영국식의 전형적인 하위문화는 아니지만 국가와 자본으로부터 거리를 두려고 하는 대구의 언더문화의 여러 양상들—힙합, 그라피티, 언더 및 인디문화—을 살펴보았다. 대구 경북의 경우 문화적인 인프라는 나쁜 편이 아니지만 지자체 중심의 문화 정책 때문에 언더 문화의 성장에 대한 무관심이 지속되고 있어 이에 대한 시정이 요구된다. 또한 문화만의 문제는 아니지만 문화 복지 측면에서도 심각한 양극화 현상이 일어나고 있고 노동자계층 및 빈곤층에 대한 문화적인 공백이 메워지지 않고 있다. 자본주의적인 상업문화가 지배적인 가운데 새롭게 대두하고 있는 부상문화에 대한 정책적 지원, 심각한 양극화에 시달리고 있는 노동자계층 및 빈곤층의 문화 부재에 대한 관심과 시정이 요구된다. 도심 재개발 사업이 야기시킨 도시공간과 주거환경만의 양극화가 아니라 교육과 문화 환경 또한 양극화하는 현실에 주목해야 할 때다.